し、どのような問題が進行しているかを論じている。こうした教育機関は、従来あまり取り上げられなかったが、外国人の教育問題はもはや避けることができなくなっている。メジャーな教育機関でもますます大きな課題になるのは、時間の問題であろう。

二つは、外国人の子どもが、転入・転出等の手続きに際し、日本の教育機関からいかに構造的に排除されているかを、自治体の教育施策・制度との関係で取り上げる。現在、外国人の教育は義務教育の対象外にあり、それによって生じる問題は指摘されているが、本書では、それ以前に、就学案内・通知、編入、過年（就学年齢超過）等の措置においても構造的に排除されている事実を重視している。

三つは、ニューカマーの子どもの不就学にようやく関心が向けられているが、もとをただせば、日本の教育界がオールドカマーの教育に真剣に向き合ってこなかったことに問題の根源をみている。この意味で本書では、ニューカマーの教育問題をオールドカマーの問題と切り離さないで論じることにする。

四つは、自治体間に存在している大きな受け入れ格差に注目している。外国人の子どもが、同じ条件でもたまたま居住した自治体の方針いかんで一八〇度異なる待遇を受け、その後の人生が大きく左右されるのは不合理である。このような格差は、外国人集住都市会議に加盟している自治体でも例外ではなく、このような差を放置している国の責任はきわめて重い。国が基本的な施策を示さないで、自治体に任せた結果、教育界にもいくつかの不平等をもたらしている。外国人の子どもの教育に関する地域間格差の問題は、従来、ほとんど論じられなかったものである。

五つは、外国人の教育としょうがい者教育の共通性に着目し、その上で同じマイノリティであっても、国籍の有無が、外国人の子どもをいかに不利な立場に追い込んでいるかを明らかにし、子どもの教育を国籍によらずに尊重することをうたっている国際規約の精神にも反していることを論じている。外国人教育としょうがい者教育の類似性に関する考察は、これまたこれまでの研究では、言及されなかった点である。

最後は、外国人の子どもの不登校は、日本の子どもの不登校とも深く関連していることを問うている。多文化というと、海外から来た子のもつ文化を連想するが、日本の子どもも一人ひとり異なる多文化的な存在であり、そのような多個性を無視しすべての子どもを同化しようとするところに、深刻化する不登校の一因もひそんでいる。外国人の子どもの不登校を日本人の不登校とも結びつけ、現下の日本の学校文化に共通の原因をみている。

のちほどみるが、日本財界の総本山ともいえる日本経済団体連合会（以下、経団連と略）は、地球規模でのグローバルな競争に勝ち抜くために、「異文化シナジー」といわれる新たな時代の経営戦略を打ち出している。シナジーとは、異質なものとの協働作用による全体効果の向上を意味するが、これは、多様なニーズに応えるための多文化マネジメントの重視であり、多様化の現代は、こうでもしない限り、熾烈な競争に太刀打ちできないのである。

この点、教育界は、異文化間教育や多文化教育が叫ばれる割に、異質なものへの取り組みはきわめて遅い。これからの人の流れや多様化の時代を思うにつけ、教育界が、教員が、学校が何よりも変わらなければならない。一部の熱心な教員や地域ボランティア、ＮＰＯにのみ任せていては、グローバルな時代の子どもの教育は不可能なところにまで来ている。

本書がこうしたことを考える契機になれば幸いである。

外国人の子どもの不就学——異文化に開かれた教育とは／目次

目次

序　章　近年の外国人の動向と試行錯誤の教育界

自明性崩壊の二一世紀

二一世紀を一言で表現するなら、「自明性崩壊の時代」ともいえようか。

子どもはこれまで、学校に行くのが当たり前のことだった。しかし現在は、年間一二万人前後の児童・生徒が学校を拒否し、その数は五〇〇人規模の中規模校二五〇校分にも相当する。同様に、高校や大学卒業後は、就職するのが当たり前だったのに、就職しない子ども、就職しても自由なフリーターを選ぶ者がこれまた急増している。ニート（Not in Education, Employment or Trainig, NEET と略）などという就学や就業・職業訓練をしていない、できない青年の存在も大問題となっている。

こうした背景には、たしかに若年層の就職難という現実も深くかかわっているが、人生において

「働く意味」が大きく変質しつつあるのも事実である。

適齢期になったら、結婚するのも以前は自明なことだったが、非婚の時代、シングルライフが叫ばれてからすでに久しい。シングルマザー、シングルファーザーも少なくない。現代とは、学んだり、働いたり、訓練したりする、人間にとってもっとも基本的で、それゆえに自明なこととされてきたことが、大きな様変わりをしている時代なのだ。

男子と女子の境界も自明なものではなくなった。ジェンダー研究によって、これまで生得的と思われていた「男らしさ」「女らしさ」の多くのものも、親のしつけや文化によって創られた、後天的なものであることが明らかになっている。文系、理系の区別も情報や福祉、環境研究に代表されるように、文理融合が進行しており、明快な境界は存在しない。

これらを別の言葉でいえば、現代とはボーダレスの時代とでもいえようか。すなわち、当たり前と思われてきたことと現に進行していることとの境界が揺らぎ、自明なことがちっとも自明でなくなりつつある事態の進行である。ボーダレスとは、明確に他と区別されてきた「境界喪失」という意味であり、これまで自明とされてきた境界が、現在、いたるところで揺らいでおり、境界そのものすら喪失しつつあるのだ。

この点で国家も例外ではない。もともと国家とは、その内部に生まれ育った人々、すなわち「国民」によって構成される空間だった。ところが今日、先進社会を中心に多くの移民や難民が押し寄せ、言語や文化、伝統の異なる「外国人」も等しく居住する空間に変容しつつある。EUのように域内の人々であれば、まったく移動の自由な空間すら形成されている（二〇〇四年五月一日以降加盟した旧東欧圏を除く）。国家の内部も外部も、その境界がいたるところで揺らいでいるのである。

高技術者の導入

こうして現代が、これまで自明だった境界喪失の時代（ボーダレス）に突入したということは、競争も国単位から世界単位になったこと、すなわち競争のグローバル化、激化、多様化を物語る。それを象徴するのがIT部門であり、先進国は一様に、電子情報技術産業の世界化、宇宙化の時代を迎えている。

しかし、少子化に加えて日本の電子情報技術では勝負にならず、政府は高技術者の受け入れに活路を見出している。すでに法務省入国管理局は、IT技術者の円滑な入国を図るため、二〇〇一年一二月二八日から技術の在留資格の上陸許可基準の緩和に踏み切っている。五年以内に世界最先端のIT国家を目標に掲げた二〇〇一年の e-Japan 戦略も、五年目を迎え、今後は u-Japan 政策として少子高齢化に向けた社会づくりにつなげていくという。日本の国際競争力は、一九八〇年代前半の一位から、〇二年には二七位に落ち、〇五年に二一位まで回復したものの（『日本経済新聞』二〇〇五年八月二六日）、ITの戦略的活用については課題を残したままである。

国連の調査によると、日本の現在の人口を維持するためには、毎年六一万五〇〇〇人の外国人を入れる必要があるという。また、「国立社会保障・人口問題研究所」の試算では、日本の人口は、現在の出生率と死亡率をもとに計算すると、二七〇〇年に八七〇〇人、三三〇〇年に二人、三三八七年にはゼロになるという（『日本経済新聞』二〇〇二年一〇月一八日）。これは極端だとしても、日本は、今後の電子情報技術産業を維持する上からも外国人の導入という瀬戸際に立たされている。

ＩＴ関連でみても、すでに二〇〇〇年一一月には「高度情報通信ネットワーク社会形成基本法」、通称ＩＴ基本法が制定され、同法により、内閣には「高度情報通信ネットワーク社会推進戦略本部」が設置されたし、「e-Japan 重点計画」では、「ＩＴ技術者などの専門的、技術的分野の業務に従事する外国人をいっそう積極的に受け入れ」、「我が国における高度な技術や知識を有する人材の確保を図る」ため、「ＩＴ技術者に関する上陸許可基準等外国人受け入れ関連制度の見直しについて検討を行い、二〇〇一年度中に結論を得て、所要の措置を講ずる」ことが決定されている（『国際人流』、第一七七号）。

その後もＩＴに限らず、二〇〇二年の厚生労働省職業安定局外国人雇用対策課による『外国人雇用問題研究会報告書』、〇三年の経済産業省の『通商白書』、〇四年の第四次出入国管理政策懇談会答申による『人口減少時代における出入国管理行政の当面の課題』、〇五年の法務省の『第三次出入国管理基本計画』（ここでは「専門的、技術的分野の外国人労働者」に関し、「現行の在留資格や上陸許可基準に該当」しなくても、「専門的、技術的分野と評価できるもの」は、「経済、社会の変化に応じ」、「積極的な受け入れを進め」ることが確認されている）等、政府側の外国人労働者に関わる文書が提出されているが、そこにはいくつかの重要な変化もみてとれる。

それは、基本的には、少子化対策や経済のダイナミズムなり活性化が重視されつつも、単に労働力の問題としてではなく、家族結合なり統合の観点から議論がなされ始めていることである。なかには、定住を前提にした議論もあり、入国の時点で定住が前提になるということは、移民国の議論と重なるものもあり、政府側の議論のなかにも確実な変化がみてとれる。もともと日本は、入国の時点で定住を許可する国を移民国とし、日本の入国管理政策には取り入れてこなかった。

定住や家族結合、さらに統合が議論されるということは、外国人問題を単なる経済の問題ではなく、文化の多様性なり教育の問題として受け止めるということでもあり、これは教育界に避けて通れない課題をつきつけている。すでに外国人の存在を、文化の多様性がらみで捉え、むしろ異文化との共存にこれからの企業のしなやかさを求める見方も出ている。それは経団連から出されたものである。

「異文化経営」の時代

経団連は二一世紀を、競争のグローバル化による従来の日本的経営の大転換期と捉え、二〇〇三年一一月に「外国人受け入れ問題に関する中間とりまとめ」を公表した。副題で「多様性のダイナミズムを実現するために『人材開国』を」とうたっているように、多様性がダイナミズムをもたらす点に注目して、これからの日本企業の外国人の雇用のあり方を問うたものである。

この報告書を読んで感じるのは、経済界が、近年を企業のあり方そのものの変容が迫られている時代と捉え、従来のようなやり方ではもはや経営が成り立たないことをはっきりと認めていることである。

従来の日本企業の強みは、「同質性」を基礎に終身雇用と年功序列を両輪とした一糸乱れぬ「統一性」にあった。このような「斉一性」は、組織が順調にいっているときはよいとしても、歴史の大きな転換期や、一つ歯車が変わるとたちどころに全体に波及し機能不全に陥りかねない。「あらゆる組織は栄えた原理で滅びる」のたとえ通り、今日、企業を取り巻く外的環境は、以前の利点が現在の弊害になるほどにあまりに大きく変化してしまったのである。

このような状況下で経団連が注目している経営戦略は、トランスカルチュラル・マネジメントと呼ばれるものである。これは、地球や世界が丸ごと市場化された時代に、多様で流動的な消費者のニーズや要求に迅速に対応していくには、組織の構成員の価値や行動様式、国籍は多様な方がいいというものであり、別に「ダイバーシティ・マネジメント」ともいわれている。構成員が、さまざまな異なる文化背景をもつという意味では、「異文化経営（Transcultural Management）」とも、さらにそのような組織のしなやかさに注目する限りでは、「異文化シナジー（synergy）」（協働作用、協働効果）ともいわれている。

とりわけこのような戦略が必須な部門は、前述したＩＴ産業である。ここでは、ニーズの多様性、市場の流動性、広域性、競争のグローバル性等、どの一つをとっても従来のものとは大きく異なる。ところが、これまで日本がこのような人材の育成を企図してこなかったのも事実である。そこで経団連は、このような人材の供給のために海外の高資格保持者に注目している。そのためにも日本的雇用が、終身雇用や年功序列的なもので現在より将来の地位や生活の安定を重視していたものを、現在の労働対価を重視する政策に変える必要を説いている。

しかし現代のように、すさまじいかたちでグローバルな人材獲得合戦の行なわれている時代に、雇用政策を現在重視型に変えただけで、果たしてかれ／彼女らは、日本に「定住」するであろうか。定住が確実性を帯びるのは、家族同伴が可能となってからであり、それには家族の文化や子どもの教育に対する配慮がなされてからであろう。

経団連はまた、海外の高資格者を得がたい時には、即効性に富む人材としてアジアの留学生にも注目している。特に中国や韓国の留学生は、その国のトップレベルの者が学んでいることも多く、かれ／彼女らが定住すれば、日本企業へのインパクトも大きいとみている。しかしここでも、かれ／彼女らの定住には、やがて家族滞在が前提となるため、そうなると子どもたちの教育システムが、「国民」だけのものではなく、これからの世界「市民」としても通用する多様な思考や文化の認められる統合に向かっているかが決定的に重要と思われる。ここにいう「統合」とは、子どもや家庭内の異文化をありのまま認め、同化の強制や差別の根拠にしないことである。

もし、高資格者の技術は欲しくても、その子どもたちの教育まで考慮していないのであれば、欲しいのは労働力のみとみなされ、かれ／彼女らの定住化は望めないだろう。日本で高度な資格を身につけても習得後、日本での滞在を避け海外に出て行くようでは、これまた日本企業の前途は多難であろう。かれ／彼女が結婚後も日本に定住するか否かは、子どもを取り巻く教育環境にも大きく関係している。

増大する留学生

そのトランスカルチュラル・マネジメントの即効性として注目されている留学生であるが、このところたしかに急増している。一九九八年までは、従来の水準の横ばいかもしくは漸減傾向だったが、九九年以降は急激に増大し、二〇〇三年に、はじめて一〇万人を突破した。政府が、留学生一〇万人計画を掲げたのは一九八三年であるから、二〇年かかって目標が達成されたことになる。

二〇〇五年末での留学生の総数は、一二万九五六八人（〇四年の同期は一二万九八七三人）で、そのうち中国が八万九三七四人と全体のほぼ七〇％を占めている。以下、韓国・朝鮮の一万六三〇九人（同一二・六％）、ベトナム二一六五人（同一・七％）、マレーシア二〇三一人（同一・六％）、タイ一九〇二人（同一・五％）、インドネシア一六〇九人（一・二％）の順で、これらのアジア近隣諸国六ヵ国で全体の八七・五％を占める（『在留外国人統計』、入管協会、平成一八年版）。

最近でこそやや頭うちの感はするものの、〇五年末は〇四年末より（留学生数は）〇・二％減り、このところ急増中の中国からが、前年より一・五％減少した。しかし減少したといっても、中国からの留学生は、依然として高い水準に変わりはない。この背景には、受験競争の厳しい中国ではじき出された学生が、何らかの資格を求めて海外に脱出したり、日本の大学自体が少子化により、近隣諸国に触手を伸ばしていることもあるが、それだけではない。このところの中国経済の加熱化が、学生に専門知識や資格を要請し、留学生として輩出する動因になっている。卒業後も帰国して日系企業に勤めたり、一部はそのまま日本企業に就職し、ソジョナー（sojourner）といわれる独自の長期滞在者を生み出している。

北米・欧州からの留学生は全体の四・五％を占めるだけであり、それだけに今後は、留学生の数を維持することもさることながら、一国のみの集中化を是正し多様化を進めること、それにはアジア以外の学生にも魅力ある大学づくりと奨学金の充実を急務とすること、その上で留学生の質の向上を図ることだろう。

留学生のなかには、しばしばメディアでも報道される通り、学生の実体の伴わない「就労者」が紛れ込んでいる。国際化をうたっている都内のある大学への入管の手入れや二〇〇三年末の法務省の留学生・就学生への在留資格審査の厳格化、文部科学省の大学自体に対する管理強化の要請などは、こうした問題と関係している。たしかにこのような留学生の存在は、かえって大学教育を空洞化させ、大学の信頼を損ねかねないが、なかには学費稼ぎのためのアルバイトが高じて、ズルズルと仕事の方に引き込まれている者もいる。

ある大学の留学生調査によると、「日本へは来るのは簡単だが、来てからが大変な国」とされ、奨学資金もままならないなかでアルバイトと学業の両立を強いられる困難な状況が報告されている。留学生の動向に詳しい関係者のなかには、留学生が増えているのは、日本に留学しやすい環境や体制が整ったからではなく、ただ中国側の留学条件が緩和されただけとの厳しい見方もある。開かれた国づくりのためには、留学生の数よりも、受け入れ態勢、学んでいる留学生の生活改善が重視されるべきだろう。

東京の「世界都市」化

いずれにしても、こうして日本の地域社会も「多文化」化が進行している。かつて東京は、日本社会の首都にしか過ぎなかった。しかし近年は、日本企業の世界化・多国籍化に伴い、「世界都市」としての性格を強めている。

世界都市には、企業の多国籍化に伴い、一方で資本や情報の集積による中枢管理機能の増大化、それに伴うハイテク技術者の集中化と、他方で膨大なビルの清掃員やサービス産業従事者、あるいはメイドや未資格労働者等の集中化による、階層構造の二極化なり、分極化がみられる。

このことは、同時に一つの都市のなかに世界的な要素を、すなわち現代の最先端をいくモダンな超高層ビル街やそこの第一線で働くハイテク労働者と、その背後でこれらの仕事を支える無数の非熟練、半熟練の労働者たちや安価な住宅街等にひしめく途上国の要素の双方を兼ね備えた姿とがある。すでに東京には、港区や千代田区界隈の外交官や多国籍企業関係者、高技術者・資格者の集中する区と、そうした業務の周辺・縁辺で働く中国や韓国系出身者の多い新宿区、バングラデシュ系やパキスタン系の住む板橋区、豊島区などの集住化・階層化がみられ始めている。

日本は、シンガポールや香港と異なり、家事労働者を組織的には受け入れていないため、外交官や多国籍企業関係者の家庭で、実質的にメイドとして働いている人々の存在は、案外知られていない。しかし、この方面の研究者によると、日本でもフィリピン人の家事労働者はすでに一九六〇年代後半から増え始めているという。用件を英語でコミュニケイトできるため、外交官や多国籍企業関係者に重宝がられているのだ。

しかし入国資格に家事労働は認められていないため、多くが「特定活動」の資格かグレーゾーン相当の興行ビザで来ており（『日本経済新聞』二〇〇五年一二月一九日）、出身国もこの分野で蓄積のあるフィリピン人が多い。リクルートの方法も、ほとんどが友人・知人を利用したネットワークによるもので、それぞれのグループでフィリピンの同じ都市、地域の出身者で占められることも少なくない。住み込みか友人どうしで部屋をシェアリングし、言葉も英語が主であることもあり、容易に日本社会のなかで隔離化されやすい特徴をもつ。なかには、本国でメイドを雇ってまで日本で家事労働をしている者もおり、こうした賃金格差を利用した未熟練労働者の存在も、東京が世界都市に脱皮しつつあることを物語っている。フィリピン人というとエンターテイナーを連想するが、それとは異なる業種の人々も着実に増えているのだ。

農村の国際化

「多文化」化の動きは、都市部だけではない。

山形県最上町は、筆者の第二の故郷ともいえる所で、日本を代表する山村であり、豪雪地帯である。一九五〇年代半ばあたりから、高度経済成長を支えるために多くの村々から義務教育を終えたばかりの少年少女たちが東京に集団就職していった。毎年三月下旬に、プラットホームで繰り返される一五歳の肉親との別離は、この世の別れを思わせるような涙、涙、涙の世界だった。

しかしこうした周辺部の人口減少のつけは、その後、村の存続そのものをも危機に落とし込む。この危機は、農村の閉鎖性や長老支配などへの嫌悪から若者が流出・減少したなどというより、日本経済が世界経済に接合する途上でのシステム的な「構造」に由来するものである。それだけに、この構造的危機に真っ先に反応したのが、これらの山岳地帯の自治体である。

村の活性化には、何よりも村の産業の再生産がはかられなければならず、それには、後継者が必要である。いわゆる、人口減少に対応するための「嫁探し」が始まったのである。山形県でその先陣を切ったのが、新聞でもよく報道された最上地方と同じく周辺化の著しい朝日町である（「嫁」には、伝統的な家制度のしがらみがつきまとい、女子差別撤廃条約等の精神に照らしても問題のある表現であるが、この地域はもとより、他でも広く使用されているので、本稿ではカッコつきで用いることにする）。

このように以前なら、同一親族しか住んでいなかったような村ですら、現在では、東アジアや東南アジア諸地域から多くの人がみえ、多民族化とそれに伴う「多文化」化が著しい。最上郡全体でみると、筆者の高校時代にはオールドカマーを除けば皆無だった外国人が、現在は、四〇〇人近くになっている。

例えば、最上町にニューカマーの「花嫁」が最初に来町したのは、一九八九年だったが、外国人登録者数はその後も増え続け、一〇年後の一九九九年には二五人を数え、二〇〇五年三月には、わずか五〜六年でその四倍に達し一〇〇人になっている（全人口は〇五年三月末時点で一万一一四三人）。このなかには、結婚ばかりではなく、町の縫製工場で働く研修生や特定活動の者も含まれるが、多くは「花嫁」である。同様に最上郡戸沢村は、人口六〇〇〇人弱の農村であるが（〇六年八月現在）、すでに三〇数軒の外国人「花嫁」の家があり、そのうちの最大のエスニシティは、以前は韓国、フィリピンだったが、現在は中国人である。

戸沢村と韓国とのそもそもの接点は、一部は偶然的なものによる。以前、村に住んでいたクリスチャンが、栃木県西那須野町のアジア学院と関係があった。アジア学院は、二〇〇三年四月に開設三〇周年を迎えたアジアやアフリカ等開発途上国の農村指導者養成の研修機関である（『日本経済新聞』二〇〇三年二月九日）。研修生は、各国のNGOメンバーやキリスト教団体などで働く人々で、韓国のキリスト教会とも交流があった。こうしたつながりがきっかけとなり、これがやがて国際結婚へと進展していく。

自治体によってそのつながりは異なるけれど、農村部もこのような民際外交が活発である。最上町では、ブラジルとのサッカー交流会が行なわれているし、「最上の宝を生かした『一〇〇万人交流のまちづくり』」が再生の基本とされている。村と海外とのつながりには、結婚斡旋業だけが先行しているかの印象をもつが、そうではなく、むしろ草の根レベルの交流がもとになり、それが発展して民際交流、国際交流になっている。戸沢村でも、定期的に韓国と国際交流が行なわれており、韓国から代表が来たときは、韓国の「花嫁」たちが通訳となって活躍し、かつホテルもない土地柄だけに民家に泊まるので地域ぐるみでの交流に発展している。

こうして日本でも都市といわず農村といわず、国際化に基づく多民族化、「多文化」化が進行しているのである。

すすむ国際結婚

このような地域社会の「多民族」化の動きは、国際結婚の動向からも知ることができる（厚生労働省大臣官房統計情報部編、『人口動態統計』上巻、平成一五年）。以前、国際結婚といえば、ほとんどが日本人と在日韓国・朝鮮人どうしの結婚であった。例えば、一九六五年を例にとると、夫婦とも日本人どうしの結婚が総数の九九・六％までを占め、夫婦の一方が外国人であるのは〇・四％に過ぎず、その多くが韓国・朝鮮人とのものだった。

しかし、ここ二〇年間に国際結婚の動向は大きく変わり、一九八一年には、外国人との結婚が一％を超え、八七年にはわずか六年間で二倍になり、二年後の八九年には三％を超えている。そして九九年には四％を超え、〇三年には四・九％とほぼ五％になり、〇四年度には二〇組に一組、五・五％となっている。これに海外で生活している日本人も含めると、同年の国際結婚の割合は、一五組に一組、六・六%になるという（『朝日新聞』二〇〇五年一二月三〇日）。

しかも配偶者の国籍も多様化している。男子でみると一九六五年には、その八〇%までを韓国・朝鮮人が占めていたのに、九一年には、かれ／彼女らは三分の一に減少し、九二年から配偶者の国籍分類がフィリピン、タイ、イギリス、ブラジル、ペルーとより詳しくなると、一気にフィリピン人が韓国・朝鮮人を抜いてトップになっている。その後も韓国・朝鮮人との結婚は、減少の一路をたどり、〇三年には、二〇%を切っている。

性別でみると一九六五年から二〇年後の国際結婚の変化は、女性二倍に対し、男性は一一倍であり、六五年から〇三年では、男性三八倍、女性三・六倍で、男性の方が圧倒的に変化が大きい。フィリピン人がトップであるのも九六年までで、九七年以降は中国人がトップとなり、〇四年度の海外居住者も含めた結婚相手の国籍は、中国人三八%、フィリピン二六%、韓国・朝鮮一八%の順である（『朝日新聞』同）。結婚相手も、かつての韓国・朝鮮人から中国、フィリピン、さらにタイ、ブラジル、アメリカなどと量的にも質的にも多様化しつつある。

二〇〇〇年の時点で、両親あるいは一方の親が外国人であるカップルの国内の出生数は、約三万五〇〇〇人であり、これもここ一〇年で一・六倍である。九七年時点で、二八組に一組が国際結婚であり、東京では生まれた赤ちゃんの一四人に一人、大阪では一三人に一人の親が外国人（いずれも九七年時点で）である。内訳は、夫が日本人で妻が外国人というのが八割を占める。すでに東京都区内では、二〇〇〇年の婚姻届中一〇組に一組が、大阪では一二組に一組が国際結婚である

（『朝日新聞』二〇〇二年二月二七日）。

前述した農山村部では、国際結婚の比率はもっと高い。最上町における一九九八年度（平成一〇年度）から〇五年三月までの七年間をみただけでも、多いときで町の婚姻数一〇組中、三・六組、少ないときでも一・六組までが国際結婚であり、町の婚姻数が多いときは、国際結婚数が多く、明らかに国際結婚が婚姻数の多寡を左右するようになっている。

こうして現在の日本には、都市といわず農村といわず世界一八〇数カ国の人間が住むまでになっている。

七二年に日中国交正常化が行なわれ、里帰りによる七〇年代後半からの中国帰国者の到来、七八年のベトナム難民、七九年のインドシナ難民受け入れ施策の決定による八〇年代のインドシナ難民の定住、九〇年の入管法の改正による日系南米人の到来と、日本社会は確実に多文化、多民族社会の道を歩み始めている。

国際化に伴う新たなトラブル

こうした「多文化」化は、これまでにない問題も提起する。多民族共生と簡単にはいうけれど、言語はもとより、習慣、文化、宗教等いろいろ異なるのだから当然である。一足早く「多文化」化を迎えたイギリスでは、マイノリティとマジョリティとが、居住空間から学校、宗教施設、仕事等生活の全般に至るまで融合しない隔離化を生んでいるが、日本はどうであろう。

東京の代表的なマイノリティの集住地域の学校で、最近、はじめてマイノリティの児童数が日本人児童数を超えたという。地域の児童数からみれば日本人児童が多いにもかかわらず、逆転が生じた背景には、学校選択制の導入が関係していると思われる。イギリスのように、アイルランド人を外国人とはみなさず、それでも最新の二〇〇一年のセンサスで、イングランドの人口の九％がマイノリティという国と、日本のようにオールドカマーも含めて外国人が総人口の一・五七％（〇五年末）という国ではいろいろ違いがありすぎるが、今後の多文化共生をみる上で見逃せない問題といえる。

もし、特定学校へのマイノリティの集中化が、日本人側のマイノリティの子どもとの共学回避による空席が原因とすれば、イギリスのような動きがすでに始まっているのかもしれない。

現在、学校選択制をめぐる問題は、小学校ならば私立中への進学率や学力等、日本人どうしの経済格差との関連で議論されているが、そろそろエスニシティがらみの問題にもなりつつある。学校選択制は、学校間競争と並行しており、学級全体の学力が問題となれば、説明言語すらわからない子どもは、学校側にとかく敬遠されるか、受け入れ蓄積のあるところに誘導されることになるだろう。筆者が大阪を訪問した際、東京の現実を知ったある大阪の学校関係者は、学校選択制がこのまま近畿にも導入されれば公教育は成り立たないと述べたが、同感である。これは従来とはまったく異なる新たな課題と対策を教育界に提起するものである。

従来、日本社会ではみられなかったこのようなエスニシティがらみの問題は、農村部においても形を変えてふきだしてきている。それは、村人と嫁集団とのあいだの意識上のギャップとしてである。これまでも嫁とイエ・ムラ社会との間には、多くの確執があった。しかしこれまでの対立は、若妻と老人との世代間闘争なり、嫁と姑の生活全般にわたる葛藤ではあっても、エスニシティがらみのものではなかった。しかし近年みられるのは、伝統的なイエ・ムラ意識に対するエスニシティがらみの文化摩擦・葛藤である。

嫁集団は、当然のことながら祖国を離れてきた日本人とは異なる文化背景をもつ人々である。たとえその理由の一部が、韓国などに象徴されるように、本国で恋愛に失敗したり、夫に先立たれて「貞女二夫にまみえず」のような封建的な儒教精神によるものであっても、祖国をあとにした経験をもつ。

一方、むかえた夫は、村を離れれば日本人の配偶者と出会う可能性をもちながらも、伝統的な家・村意識を断つことができずに、その継承のために外国から「花嫁」を迎えた人々である。彼女たちの祖国にこだわらない生きかたは、やがては日本の村にもこだわらないように作用する。こうした文化の衝突の一つに、子どもの進路、職業選択をめぐる問題がある。

インタビューに答えてくれたある外国人「花嫁」は、自分も母国にこだわらず、日本まで来たのだから、子どもには将来、村を離れて東京でもアメリカでも仕事のしたい所で生活させてあげたいと述べていた。このような子どもの将来像は、夫はもとより祖父母も嫌うところである。外国人「花嫁」と離婚が多いのは、そのほかの要因もあるが、子どもの将来像の違いなり、村へのこだわりのいかんも無視できない。国際化は、人々の単なる行き来だけではなく、伝統的なしがらみをどう断つか、これまでの日本人の意識改革も迫っている。

「多文化」化や国際化とは、学校であれ村であれ、異質な文化と交流の生じる状態のことである。ただ、地域に外国人が住んでいるだけで双方にコミュニケイトのない状態は、「多文化」化でも国際化でもない。地域が国際化するとは、お互いの文化の差を超えて交じり合っていく状態のことである。先の農村の例でいえば、意識改革の伴わない国際化では、いままでの日本人妻に外国人妻が代わっただけで、日本人にも抑圧的な村の論理は温存され、人々の真の交流にはならないだろう。土着派の夫・姑対国際派の嫁の構図が残る限り、村は変わらず、矛盾はそのまま子ども世代に転嫁されていく。

都市といわず、農村といわず、人々の意識が多様化し、人生の選択肢も増え、価値観の多元化が促進される状態が、「多文化」化なり国際化の意味であろう。

日本語教育の必要な「日本人」の急増

こうして日本の教育機関にも都市、農村を問わず、本格的に外国人児童・生徒が登場してきているが、筆者の印象では、その進展ぐあいも近年は、第二ないしは第三ラウンドを迎えた感がする。

その一つに、外国人児童・生徒の多様化がある。これは何も、外国人の出身地がアジアの近隣諸国のみならず、中東やアフリカからも珍しくないという意味での、輩出地域の多様性に関するものではない。たしかに出身国も多様化しているが、ここで注目しておきたいのは、日本生まれ、日本育ち、そして日本国籍の「外国人」が増えているという質の違いである。これは「日本人」そのものが多様化しているといってもいい。

外国人児童・生徒というと、日本国籍をもたない、それゆえ日本語を母語としない子どもを連想する。これは自然な反応であり、事実そうした子どもが大半である。このとき同時に日本国籍者イコール日本語による話者との思いも定着する。日本国籍を取得しているのだから、つまり「日本人」なのだから日本語力も十分と思ってしまうのだ。ところがこうした「常識」が、このところ教育現場では通用しなくなっている。

たとえば、日本人の夫と結婚してその後別れた外国人女性とその子どもの場合、子どもの国籍は日本であっても、家で母親と話す言語は日本語ではなく、母親の言語であることが多い。一九九六年七月三〇日（通称七三〇）の通達で、離婚後も養育中の子どもがいれば、そのまま定住できる法改正（定住者としての在留資格）により、シングルマザーとともに生活している子どもが増えている。この子どもが小学校に入学してきたとき、日本語の語彙力において日本の子どもよりはるかに劣るのは察してあまりある。漢字はもとより、平仮名、カタカナですら自分の名前が書けない、自分の誕生日や簡単な数字ですら日本語で表現できない児童が増えている。

日系ブラジル人も定住傾向が強まり、日本生まれの子どもが急増している。なかには、一〇代の親の急増という新たな難問もあるが、それはあとに譲り、現在定住している親は、二世、三世なので、家庭内で話す言語は母語、すなわちポルトガル語である。夫婦が働いているケースが多いので、生まれるとほとんどは、保育園や幼稚園のあずかり保育の世話になる。公立の保育園は絶対数が不足しており、さらにあずかる時間も最大で午後七時くらいまでなので、日系人の経営する民間保育園（通称「託児所」と呼ばれている。V章も参照）にあずける者も多いが、そうなると園内の世話人はもとより、他の園児やボランティアで働く人の言語もすべてポルトガル語になる。

そのため小学校に入学する前に、日本語に接する機会がほとんどなく、挨拶言葉すら日本語を経験しないうちに入学式を迎える子どもが急増している。母親はフィリピン人だが、父親が日本人なので子どもは日本国籍を取得したが、やがて父親の行方が知れずに家庭内の言語が自然に母親の母語であるタガログ語になったというような子どももこうしたなかに入る。

日本人の夫と別れた中国人の母親などは、子どもが小さいあいだ、祖父母のいる中国にあずけて養育してもらうことがある。中国には、昔から祖父母が孫を育てる文化があるためである。そのため学齢に達し、母親が子どもを日本に呼び寄せた場合など、国籍は日本でも外国人とまったく変わりがない。日本語での読み書きができないどころか、祖父母のいる中国に帰りたがる「日本国籍」の子もいる。

こうなると生まれや国籍だけでは、日本語を必要とする生徒を判別することができない。一般に、日系ブラジル人はブラジル国籍を、フィリピン人や中国人との国際結婚の子どもは日本国籍を取得するケースが多いが、どちらにしても、生まれや国籍だけでは子どもの日本語力を判断することはできないのである。

一九八五年の国籍法の改正以降、両親のどちらかが日本国籍であれば、子どもが日本国籍を取得するのは、さほど困難ではなくなった。それだけに、現実に日本国籍を取得していても家庭でもっぱら話される言語が日本語以外のものであるケースも含めて、この問題を捉えないと問題の本質がみえてこないのである。

その意味では、教育現場での外国籍児童・生徒とは、日本国籍の有無に関わりなく、人間として最初に使用した言語が、日本語以外の児童・生徒とすることにした方が正確である。外国籍児童・生徒とは、もともと法律色の強い用語であり、このような用語が、実態と齟齬をきたすほどに現実の流れは多様化し、流動化しているのである。

ある校長の悲鳴

日本語教育の必要な子どもが、単純に外国人（外国籍）とは限らないとなると、こうした子女の通う学校は、かなり注意が必要である。都内のある区では、このところ子どもの世帯主が増えているという。理由は、外国人の母親と日本人の父親との間に生まれた子どもが、何らかの事情で母子家庭となり、母親は外国人登録をし、子どもは日本人のため住民登録をするので、母とは書類上切り離されて子どもだけの世帯が構成されるためである。

現在日本には、外国人に課せられる法律が二つある。一つは、出入国管理及び難民認定法であり、これは主に外国と日本国との入国と出国に関する法律である。もう一つは、外国人登録法であり、これは海外との関係ではなく日本国内で生活する場合の法律・規則に関するものである。この二つは、すべての外国人に課され、特に後者は、日本人の住民登録に代わるもので、地域での居住の有無はこれによって確認される。日本人の住民登録は、家族単位であるが、外国人登録は、個人単位であり、妻の在留資格が結婚に伴う配偶者により生じた場合、日本人の夫や子どもとは切り離された形で、妻のみが個人単位で外国人登録をしなければならない。それゆえ夫と別れ、母子家庭になると書類上は別々の家族構成になる。こうして生じた子どもの世帯主が、都内のある区では二〇〇二年度だけでも六〇ケースはあるという。

このような家庭で育っている子どもは、日本人といっても、前述したように家では母親の母語で母親と生活しており、小学校に入る前はもとより、入学後も家庭では母語が主なので、基本的に外国人児童・生徒と変わらない。「日本人」多様化の一例である。

しかもこうした園児のなかには、東海地方に顕著なように、小学校に入学しても放課後は民間の保育園で親が帰宅するまであずかってもらうケースも多いため、なかなか日本語が上達しない。以前訪問した民間保育園には、小学校六年生でも日本語を話そうとはしない子がいた。聞けば、学校が終わるといつも民間保育園で生活していたという。日本の小学校に六年も在籍していながら日本語をあまり話せないのは、小学校より民間保育園の方が気の休まる所であり、学校では「お客さん」に徹し、ほとんど日本語を話さなかったためである。

また、家庭内の多国籍化も進んでいる。一般に移民労働者は国際結婚をいとわないことがイギリスの事例などでも明らかになっているが（例えばイギリス居住のアイリッシュの国際結婚の動向など）、これは日本でもみられ始めている。父親が日系南米人、母親がフィリピン人のような家庭では、子どもは三カ国語を話す環境に置かれている。このような場合、学校観・教育観にも本国の教育事情が大きく作用し、父母の教育観に齟齬のあることも少なくなく、よほどしっかりしていないとどの言語も中途半端なものになりかねない。

こうなると学校は大変である。たとえ「日本人」であれ、あるいは日本生まれであっても日本語力の判断材料にならないとなると、入学時の教員配置をどのような体制でやりくりし、その後も含めてどう対応すべきか予測がつかないのである。特にこのような児童は、特定の民間保育園からどっと押し寄せる傾向があり、しかもしつけもかなり異なるので、はじめの頃、教員は多忙を極める。筆者の聞いた範囲では、東海地方のある民間保育園一園だけで、父母が外国人である次年度の小学校入学予定者一四人という所があり、このような民間保育園が周辺には他にもあるというから、そこからも同じ小学校に入学することになる。日系南米人の間での出産ブーム、十代の親の急増とも重なり、いま、この日本生まれの「新しい外国人」の存在が、問題になり始めている。

外国人によって異なる保障

その上、校長を悩ませるのは、外国人児童・生徒によって学校で保障される内容が異なることである。外国人児童・生徒の多様化は、保障の対象者や範囲の多様化をも意味する。

都内墨田区のある中学校は、学区内に公営住宅があることもあり、早くから中国帰国者が多く、文部省の引き揚げ生徒指導研究協力校に指定され、日本語教育を行なってきた。しかし、やがて引き揚げ家族だけではなく、私費帰国者やその他の外国人生徒が増えると、もともと国費の引揚者が対象であったため、日本語教室は閉鎖されてしまった。

一般には、日本語教室の開設は、戦後保障の一環ではなく国際化時代に向けての対応とされているが、現実には引揚者やベトナム難民と日系南米人等その他の外国人との間に、支援体制の点でさまざまな差がある。特に難民は、条約を批准しながらも受け入れ数が少ないことでしばしば話題となるが、許可された者には、例えば教育において、同条約二二条「公の教育」でうたわれているように、「自国民に与える待遇と同一の待遇」が義務づけられている。

難民は、外国人労働者と異なり、自由意志で入国するわけではないので、それだけ受け入れ国の国民や外国人と同等の待遇が求められているが、「自営業」を営む場合や「住居」の基準は受け入れ国の外国人と同一待遇としているのに対し、この教育に関する基準は受け入れ国の「国民」としていることからも、いかに難民子女の教育が重視されているかもわかる。それだけに、同じ外国人といっても難民や中国帰国生、その他の外国人子女との間に入れ子構造のような待遇格差を生じさせている。

高校受験の特別枠もその差の一つである。例えば中国からの引揚者なら、東京都の場合、高校入試に際し小学校四年生以上で来た生徒（高校入学時で六年以内の帰国）には、二〇〇六年四月時点で九校の協力校があり、一校当たり一〇人まで国語と数学の受験とその成績だけで受け入れてもらえるが、引揚者でなかったり、引揚者でも三年生以下で来た場合は対象外である。最盛時には一三校の協力校があったが、少しずつ少なくなり〇四年度以降は、〇六年度も含め普通校七校、商業校一校、工業校一校の合計九校である。

日系南米人は、もちろん日本人の血を引いている。かれ／彼女らは戦前、戦後の貧しい時期に食糧人口を減らすために祖国日本をあとにした人々である。現在、かれ／彼女らの日本への定住化が進行している。しかしかれ／彼女らには、何の支援もない。かれ／彼女らに将来のことを聞くと、お金をためて帰国を夢みているが、すでにそうは言いつつも一〇年、一五年と経過している。子どもの教育はいっときも猶予のない問題である。子どもたちが、中国帰国生徒に比べて教育環境において有利な立場にあるとは思えない。帰国・定住の中国帰国生徒ばかりではなく、日系南米人を含む外国人の子どもにも支援が必要であると思われる。

孤児と残留婦人

しかも異なる待遇は、同じ中国帰国者どうしにも存在する。特に近年は、同伴家族といっても二世、三世に重心が移行しているため、かれ／彼女らにとっては、一世のように祖国への「帰国」としての意味より、外国人労働者同然の日本社会への「入国」「定住」の性格が強く、それだけに多様化も著しい。

中国帰国者とは、第二次世界大戦末期の動乱期に中国東北部に置いてこられた日本人やその子孫である。一九四五年八月に終戦を迎え、その後一部の帰国が行なわれたが、四九年に中華人民共和国が成立すると、政府の社会主義国敵視政策のため、帰国はかなわぬものとなった。一九七二年にようやく日本政府が中国の代表を台湾から中国へと改め、国交「正常化」が行なわれると、八一年から本格的な残留婦人や孤児の帰国が開始されることになる。

日本政府は、終戦の八月九日時点で一三歳を境に、それ未満の孤児と孤児以外の残留婦人とに区別している。すなわち孤児は、幼いときに大陸に残置され日本のことをまったく知らないので、日本語と日本の生活習慣についての研修並びに自立のための援助が国費でなされるが、残留婦人は、一三歳以上だったので自分の意志で残留を決断したと解され、当初は種々の援助の対象外であった。しかし、九三年九月に残留婦人の強行帰国をきっかけに、翌年、「中国残留邦人等の円滑な帰国の促進及び永住帰国後の自立の支援に関する法律」が制定され、線引きが和らいだ。しかし、孤児も残留婦人も国費による帰国は認められても、国費で同伴できる範囲には、いくつかの違いがある。

孤児は、養父母、配偶者、未成年の子ども、成年でも未婚ないしは就学中の子ども、しょうがいをもつ子どもは国費帰国の対象である。残留婦人等の養父母は、申請し誰も扶養する者がいないことが判明すれば、国費の対象になることもあるが、制度上認められているのは、配偶者と子どもである。ただし、子どもは、同伴でなければならず、しかも子どもでも既婚者やその配偶者と子ども

――孤児からみれば孫――は未成年で未婚に限定されている。また、本人だけが先に帰国し、その後家族を呼ぼうとするとこれも国費の対象外である。それは国費の対象は、当事者に同行し帰国する者に限られているからである。

戦後三〇年近くも国交が開かれず、ようやく開かれた時点で終戦当時の一三歳を境に日本語や日本文化の国費研修の区別をすることにどれだけの意味があるのだろうか。政府の見解は、一三歳以上で残った者は、自分の意志で残留を選択したということであるが、当時の混乱期に自分の意思だけで残留を決めた者などいなかったと思われる。多くは、すべて生きるために、やむなく残留なり中国人との結婚を選択せざるを得なかったのである。

また、残留婦人の場合、配偶者や子どもが国費扱いになるには、同伴帰国でなければならないが、配偶者は中国人である。日本社会に対する思い入れは、残留婦人と異なり、配偶者にとっては完全な未知の国（外国）への移住となる。そのため、残留婦人だけが先に帰国して日本での生活のメドがついたところで呼びたくなるのも人情であろう。終戦後、異国に置き去りにされただけでもあまりにむごい仕打ちなのに、帰国後も当時の条件により多くの制約を課すやりかたは、さまざまな問題を残している。

こうした差は、大人だけではなく子どもにもつきまとう。先ほど述べたように、私費帰国者が増えるとみるや、日本語教室が閉鎖されたのはその一例である。国費帰国者は、所沢センターで日本語研修を受講できるので、地域の学校に来るまでには、挨拶程度の日本語は話せるようになっている。むしろ、日本語がまったくわからないのは、所沢に入居する資格もなく、いきなり地域の学校に放り込まれる私費帰国の児童・生徒の方である。しかし現実には、子どもにも大人の帰国の資格に応じて差が設けられているのである。

それだけに校長や担任には、こうした大人の定住過程の差に応じた、子どもの進学条件や支援の違いにも目配りが要求されるが、中国帰国者の間ですらこの差であるから、多様な外国人児童・生徒を受け入れている学校では、その対応も悩ましい問題の一つであることは間違いない。

送り出し国に応じた対応を

こうした多様なエスニシティに対する配慮が求められるのは、出身国や出身地域に応じてきめこまかな指導が要求されるからである。

例えば、同じインドシナ難民といってもベトナム人やカンボジア人は、子どもの教育にも熱心であるが、ラオス人はそれほどでもないといわれる。しかもこの三国出身者は、国家の対立関係から日本に来ても個人レベルで反目感情を抱いている者も多く、その辺のかれ／彼女らの置かれている状況の認識が不可欠である。近しい者ほど対立も熾烈という古典的社会学者の名言は、日系ブラジル人やペルー人ばかりではなく、インドシナ三国出身者にも当てはまる。

また、これらの地域では、子どもを育てるとき体罰が行なわれている。ところが日本の教育界では体罰は厳禁である。これは学校教育法（以下〇七年の改正で変更が生じた箇所は、一部に現条文番号を入れた）一一条で禁じられている通りである。そのため、インドシナ出身の大人は、日本の教員は子どもをあまやかし、ダメにしていると受けとる。一方、日本の教育方針に慣れた子どもは、家庭で体罰を科す両親を野蛮とみなし、反抗する者もいる。なかには、こうした文化の差が理解できなくて家出に至るケースもある。教育現場では、こうした差にまで敏感になることが要求されるのである。

中国人は、出身地域や祖国での教育レベルによっても子どもの教育観が大きく異なる。都会育ちの高学歴者は、日本人も顔負けなほど子どもの教育に熱心である。中国東北部（旧満州）の三省出身者の高学歴者は、子どもの教育にも熱心であるが、農村部の、学校に通うにも不便な地域の出身者は、学校に対する理解から深めていかなければならない。こうした農村部、辺境部出身の者には、学校の教材費などを銀行に振り込む際、自動振込み機の意味すら知らない者も多く、親にもこまかな配慮が必要である。

こうして日本の教育界は、問題が先送りされる形で、定住しつつある外国人児童・生徒の教育をどうするか、第二の大きな転換期に立たされている。

Ⅰ章　進行する学校の「多文化」化
――多様な教育機関に進出し始めた外国人の子どもたち

外国人児童・生徒の動向

文部科学省は、一九九一年から公立の小・中・高等学校、及び中等教育学校・盲・聾・養護学校に在籍する者のなかで日本語指導が必要な外国人児童・生徒数を公表している。九一年から九八年までは隔年おきの公表だったが、九九年以降は、毎年公表している。毎年に切り替わったのは、それだけ外国人児童・生徒の数が増大していること、かれ／彼女らの動向をきちんと把握して対応することが喫緊の課題となったことを物語る。

二〇〇五年の動向によれば（〇六年四月二六日発表）、日本語教育を必要としている外国人児童・生徒数は、小学校が一万四二八一人（一万三三〇七人、一万二五二三人）、中学校五〇七六人（五〇九七人、五三二七人）、高等学校一二四二人（一二〇四人、一一四三人）、中等教育学校二三人（一五人、一〇人）、盲・聾・養護学校七〇人（五五人、四九人）である。一九九一年から統計をとり始めて以来、前年よりやや減少した年もあるが、依然として漸増ないしは高値安定傾向が続いている（ここ三年間を比較するためカッコ内上段は〇四年、下段は〇三年の数字であり、中等教育学校の生徒数は〇三年度より公表）。

ここ数年の特徴は、外国人児童・生徒が一人ないし五人未満の在籍校が増えるなかで、三〇人以上集中する学校も増えており両極化がみられることである。これは、中小企業の多い地方都市や外国人児童・生徒の教育に蓄積ある学校への集中化傾向と、外国人そのものが地方都市に分散する傾向が同時に進行している現われとみられる。五人未満の在籍校が全体の八割、市町村数で五割というのは、このことを物語っている。

また見逃せないのは、高等学校への在籍者が激減していることである。中学生は小学生のほぼ半数であり、中学生の在籍年数が小学生の半分になることを思えば驚くに値しないのかもしれないが、高校になると義務教育ではないとはいえ、中学校生徒数の五分の一、在籍校数で六分の一弱に激減している。これは、高校生になり（日本語）教育を必要としなくなったのではない。大きな理由は、高校への進学者そのものが激減していること、いうならば外国人生徒の多くは、義務教育だけで働き始めていることである。

残念ながら、外国人生徒の高校進学率に関する全国的なデータはない。しかし、外国人集住都市会議に提出された二〇〇一年度の一四市町（二〇〇五年一一月時点では一七市町が参加）のデータから推測すると、外国人生徒の高校進学率のもっとも高い市で、七五％、もっとも低い市で一八・二％、平均五一・六％である。日本の高校進学率は、九七％前後であるから（Ⅱ章も参照）、ほぼその半分である。ただしこれはあくまでも入学者であり、修了者となるといっそう低いこと、さらに外国人集住都市会議に未加入の都市も含めれば、全国平均はなお低くなることが予想される。

また日本語教育の必要な数字であるが、この対象者は、「日本語教育の必要な外国人児童生徒」とされているので、日本国籍取得者で日本語が不自由な者や父母の一方が日本人の者も除かれており、これらを考慮すると日本語教育の実際に必要な児童・生徒数はもっと多い。これらの児童・生徒の日本語教育が、どうなっているのかも気になるところである。

それと看過できないのは、盲・聾・養護学校で学んでいる者が結構いることである。養護学校には、肢体不自由と知的しょうがいの二つがあるが、日本語が不得意で養護学校に送られているとすれば、知的しょうがいの方にであろう。イギリスでも初期の頃はマイノリティの児童・生徒が知的しょうがいの学校に送られて問題化した時期があったが、日本ではどうであろうか。これに関する研究は皆無だが、無視できない問題である。

また、頻繁に引用される日本語指導が必要な児童・生徒数であるが、これがどこまで正確な数字かには疑問もある。あるベテラン教員は、実際に必要な児童・生徒数は、発表の一・五倍から二倍はいると推測している。それというのも、文部科学省のこの調査は、学校に対象となる児童・生徒が「いる」と答えた場合、ほかにも回答しなければならない項目が増えるため、学校によっては、ついそのような生徒は「いない」としてすませることも多いからである。またこの種の調査の回答は、教頭等の管理職が答えるのが一般で、学級を担当している教員の判断と異なることも少なくない。

加えて文部科学省の日本語力とは、日常の生活言語能力である。もし、学習に必要な思考言語であるならば、日本語を必要とする生徒はさらに増大する。学習思考言語は不十分でありながら、日常生活言語レベルで十分と判断され、その後は何の考慮もなされていない児童・生徒も多い。ただし、これらの数字のもとになる日本語力に客観的な基準がなく、たぶんにあいまいな概念であったとしても、日本の現在の学校の国際化なり外国人児童・生徒の置かれている現状を知る上では重要な数字である。

国際化の著しい保育園

こうした児童・生徒を取り巻く多文化状況のなかで、もっとも国際化の進んでいる施設は、保育園である。外国人は、多くが働き場所を求めて日本に来ており、夫婦で働いている場合、保育園は欠かせぬ施設である。

今日の保育園の出発をなすのは、一九四七年成立の児童福祉法による。この法律により、児童とは一八歳未満の者と規定され、そのなかでも特に一歳未満を乳児、一歳以上小学校就学前までを幼児、小学校就学から一八歳未満までを少年とし、乳児、幼児のなかでも保育に欠ける者の施設として、戦前までの託児所が保育所として新たなスタートをきることになった。

児童福祉法二四条は、「保育の実施」を規定しており、保護者が「労働または疾病」等により乳・幼児の保育に欠ける場合、市町村は保育所において保育しなければならないとされている。保育を必要とする保護者は、各居住地域の自治体に申請し、自治体が入所選考会議（以前の措置会議）を開いて保育に欠ける状況を判断し、入園施設の紹介をしている。

小学校就学前の児童を預かる施設として、他に幼稚園があるが、それとの差は歴然である。幼稚園は、三歳以上小学校就学前までの教育機関で、時間数は、四時間、一クラス児童数も三〇人を基準とし、長期休暇もある。一方、保育園は、保護者に代わる保育を担当している関係上、少なくても八時間、最大となると一二時間の支援も少なくない。さらに乳児・幼児を預かる関係上、年齢に応じて細かな保育士の数が規定されている。仕事をもつ人にとって、時間数からみても保育園に関心が集まるのは当然であろう。

外国人が多く居住している新宿区を取り上げてみよう。ここには、公立の保育園が二六園、私立も一〇園あるが（数字は〇六年四月現在のもの、五年前はそれぞれ三〇園と八園であった）、ある総定員八〇人の区内で中規模の公立保育園は、年齢ごとに定員が定められている。これは、児童の年齢により必要な保育士の数が国で決められているからで、〇歳児が九人、一歳一一人、二歳一四人、三歳と四歳各一五人、五歳は一六人であるが、〇六年五月時点で約七〇人の園児がいる。通常、三歳児までは定員がすぐうまり、四、五歳児になると少し緩和されるが、これはこの年齢になると幼稚園の対象年齢となり、教育熱心な親が教育機関としての幼稚園に転園させることもあるからである。

この保育園の在園時間は、月曜日から土曜日までの朝七時三〇分から夕方六時三〇分までであるが、日曜日も開園を望むなど親には勤め人が多い。近年の特徴は、外国人の園児が多くなっており、二〇〇六年五月時点で、約六〇%を外国につながる児童が占めている。国では韓国、中国（台湾を含む）、タイなどであるが、夫婦で異なるエスニシティの人もいる。こうした園児の多国籍化に応じ、区では、入園後の伝達事項のしおりに朝鮮語、中国語、英語等の多言語で対応している。

またこの園とは限らないが、イスラーム系の児童や菜食主義の園児も増えつつあり、給食には豚肉を使用しないようにとか、昼食は持参させて欲しいなどの要求もでている。

現場の園長先生らの話では、かつてイスラームといえばバングラデシュやパキスタンなどの南アジア出身者が多かったが、このところの超過滞在者の取り締まり強化により、かれ／彼女らは減少し、代わりに増えているのが、中国人のムスリムである。入管協会発行の『在留外国人統計』には、韓国と中国出身者に限りそれぞれの国の出身地域が載っているが、二〇〇五年末の時点で、内陸部中国でもっともムスリムの多い陝西省出身者に外国人登録をしている者が七〇〇〇人以上いる。しかもそのうちの三人に一人弱（二一三〇人）までが、東京に隣接した一都三県に集中している（近年は愛知県も多い）。

陝西省の省都西安は、その昔シルクロードの東の端であり、イスラーム文化と密接なつながりがあった。日本でも以前はイスラームを回教といったが、中国内陸部の回教徒は陝西省や寧夏に住む回族に多い。いま、そのかれ／彼女らが日本にも来ており、筆者の訪問した池袋のある保育園にも二人のムスリムの園児がおり、いずれも中国出身であった。現実は刻々と変化しているのである。

一方幼稚園はどうであろう。二〇〇四年五月現在で東京都には一一〇八園あるが（東京都教育庁、『きょういく二〇〇四』）、教育機関とはいえ義務教育ではないこともあり、国公立は二三〇園で、私立が八七八園と全体の八〇％近くを私立が占める。豊島区をみても公立は三園のみで、私立が一九園と圧倒的に私立に依存している。この三つの公立幼稚園中に占める外国人の児童は、総数一四五人中七人で保育園と比べてかなり割合が少ない。幼稚園は、一日四時間しかみることはできないので、共働き夫婦には保育園の需要の方が高い。そのため欠員の生じている幼稚園も出ているが、生き残りのために「あずかり保育」の形で子どもの世話をする幼稚園も生まれてきている。

なかには、本当は保育園志望だったが選考にもれ、やむなく幼稚園に通い、午後は「あずかり保育」の形で世話してもらっている子どもも少なくない。外国人はもとより日本人の間でも女性の職場進出によって保育の需要が増しているのに、同じ年齢層の子どもを対象とした保育園と幼稚園では相互交流がほとんどなく、幼稚園は教育機関として文部科学省の、保育園は社会事業、社会政策の対象として厚生労働省の管轄とされる中央省庁の、縦割り行政の壁が、住民にも転嫁されている形である。さすがにこのような事態を憂慮して、一九九八年に当時の厚生省と文部省とで幼稚園と保育園の施設の共有化についての指針を策定し、さらに二〇〇五年には、就学前の教育と保育を一体的に捉える総合施設関連法案が通過した。

もともとこの法律は、すでに幼稚園が預かり保育の形で保育事業に乗り出している実態を法も認めるもので、一部には保育園の基準の低下、幼稚園の学力低下を危惧する声もある。特に〇六年一〇月から認められた「認定子ども園」には、保育園の側から将来、保育の質の低下につながるとの危惧が表明されている。園児の減少している幼稚園の生き残りに利用されれば、単なる危惧では済まされないかもしれない。

しかし、諸外国では、「幼保」の区別をしていない所が多い。実際に幼稚園も生き残りのため「あずかり保育」のような形で保育園化が進んでいるとなると、小さな子どもの段階から一方では教育が可能であり、他方ではできない等の格差を作らないためにも、保育園の基準は守りつつ、何らかの形で双方乗り入れのようなことが考えられなければならない。すでに現場の職員では、八〇%は、保育士と幼稚園教諭双方の資格をもっている。

中央教育審議会は、一九九八年に「新しい時代を拓く心を育てるために――次世代を育てる心を失う危機」と題した「答申」を出し、「幼稚園・保育所の教育・保育と小学校教育との連携を工夫しよう」としているが、幼稚園、保育園と小学校との連携強化は打ち出しているものの、幼稚園と保育園との施設の総合化以外の具体策、例えば保育士と幼稚園教諭の定員等に関する基準に関しては、何も示していない。施設に関しては、〇六年度からの本格導入に向けて、〇五年度より全国に三六カ所の幼保一体施設を認めたが、施設の共有は双方のこれまでの設置基準や職員の資格条件、中央省庁間の接合をも迫っている。
いずれにしても女性の職場進出と国際化の進行により、幼稚園の保育園化の進行、幼稚園のみの施設の閉園、都市部を中心とした待機児童の急増等、これまでの両園の古い壁の撤去と再編が迫られている。

変わる夜間中学

大きく変化しているもう一つの教育機関は、夜間中学である。この歴史は、いまから半世紀以上にさかのぼる。戦後の混乱期、義務教育期の生徒も家計を支えるため中学校に行くことはできなかった。そこで仕事から解放された夜に、せめて人生を生き抜くのに必要な基礎学力をつけようと、熱心な教員の運動によって一九四七年、大阪市立生野二中で試みられたのがそもそもの始まりである。

しかし夜間中学が増えると、日中は学校に行かずに働く生徒も増えたので、これはむしろ未成年の不就学を増大させるとみて、行政管理庁（現総務省）は、一九六六年に文部省に廃止を勧告した。そのため、一時は全国で八七校にまで拡大し（一九五四年）、最盛時には五〇〇〇人を超えた夜間中学も一九七〇年には二〇校にまで激減し、生徒数も往年の半分になっている（『全国夜間中学校研究大会記念誌』第五〇回、『夜間中学』）。

その後は、熱心な教員によって細々とその火が守られ、現在、日本には夜間中学校が三五校ある。

中学校は義務教育であり、先進社会でありながら義務教育の中学校に夜間があるのは貧しさの現れとする文部省の方針上、夜間中学校とはいわず、正式には「中学校夜間学級」という表現が採用されているが、東京にも八校ある。

東京で夜間中学校が始まったのは、一九五一年の足立区立第四中学校が最初である。当時は、終戦の混乱期で学業期の若者が労働に駆り出され、日中、学校に行けない生徒が多かった。文部省は、当初から義務教育の夜間には反対だったが、小・中学校の設置母体は区市町村にあるので、都は申請理由を認めて二部授業の形で始まった。

のちにもみるが今日でも夜間中学は、教育基本法や学校教育法に基づき設置されているのではなく、学校教育法施行令第二五条（「市町村立小中学校等の設置廃止等についての届出」）の五「二部授業を行なおうとするとき」及び、学校教育法施行規則第七（現第九）条の「二部授業実施の届出手続」に依拠している。依然として二部授業としてなのである。

こうして開始された夜間中学校であるが、以前、生徒で多かったのは、日本人や在日韓国・朝鮮人、被差別部落の人々で、生活が貧しかったり、差別などで義務教育を中断した人が主だった。ところが現在は、全日制の不登校生徒や外国人の生徒が多数通学しており、以前とは大きな様変わりをみせている。

なかでも無視できないのは、外国人生徒の増大である。二〇〇四年九月現在、全国の夜間中学で学ぶ生徒は二七三五人がいるが、うち二一三〇人が外国人生徒である。このなかには、引き揚げ等

表１　東京都の夜間中学校の一般学級と日本語学級の生徒数

学校	足立	八王子	双葉	文花	糀谷	三宿（旧新星）	荒川9	小松川2
一般学級	30（30）	20（19）	26（25）	32（32）	17（19）	40（45）	44（39）	32（52）
日本語学級	44（41）		29（43）	44（42）		26（35）		41（46）
合計	74（71）	20（19）	55（68）	76（74）	17（19）	66（80）	44（39）	73（98）

（東京都夜間中学校研究会調査研究部『東京都夜間中学校生徒実態調査』2002年と03年の10月１日時点の調査をもとに作成、カッコ内は02年度のもの。ただし02年の八王子に関するデータはないので、全国夜間中学校研究会『第48回全国夜間中学校研究大会資料』2002年のもので補充）

帰国後日本国籍を取得した者もいるが、海外出身者が全体の八〇％近くを占めている。すでに大阪には、日本語学級がなくても外国人生徒が八〇％を超えている所がある。東京には八校中五校に日本語学級があり、そこでは日本語の学べることが魅力ともなり、外国人生徒が日本人生徒をいずれも上回っている。夜間中学に日本語学級が認められている所は、東京以外にはないと思われるが、東京では、夜間中学でも日本語学級には二〇人を一学級とし二人の加配があり、すでに三校に三学級設置されている。

一方、一般学級のみで日本語学級のない夜間中学三校の生徒数は、いずれも五〇人を大幅に割り込んでおり、これから判断しても外国人の日本語への関心は高い（表1）。外国人生徒は、日本語教室のある五校では、一般学級か日本語学級かのいずれかに所属し、高校への進学を希望する者は前者を、そうでない者は後者を選択して卒業していく。

夜間中学校に入学できる資格は、一五歳以上で義務教育を修了していない、都内在住ないしは都内勤務の者である。それだけに年齢もまちまちであり、生徒どうしで親子ほど差があるのも珍しくなく、若い生徒は年長者に、年長者は若者の気持ちを、お互いに知り合う場の存在が大きな魅力となって、常時一定数の生徒を確保している。最近の特徴は、一〇代の生徒の増加である。これは国際結婚によって、親と一緒に日本に来たり、配偶者の連れ子として来るケースが増えているからである。

公立の夜間中学が魅力となっているなかには、義務教育なので授業料が免除されるほかにも、家庭の収入を基準に学校行事への参加（遠足や修学旅行、区や市の関連施設を訪問する際の交通費）や教材費などにも就学支援制度があり、外国人生徒の多くも受給できることにもよる。例えば世田谷区を例にとると、生活保護を受けている人、さらに世帯人数が三人で年間約三四一万円、四人で約三七五万円、五人で約四二〇万円以下の所得金額（収入から必要経費を差し引いた金額）の人は、就学援助の対象となる（「平成一八年度就学援助のお知らせ」より）。これは外国人も含めてであり、ある夜間中学では、日本人が一割、中国帰国者を含む外国人が八割強の割合で援助を受けている。

日本の中学校は、一度在籍が認められたなら、たとえその後一度も登校しなくても、本人が望むなら校長の教育的配慮により卒業資格が与えられる。ところが、いったん卒業してしまうと実態が何であれ夜間中学も含め中学には入れないのである。機械的に排除するのではなく、もう少し本人の希望や能力を考慮した受け入れがなされてもよいのではないか。外国人の生徒のなかには、日中は普通校に通い、夜に夜間中学の日本語教室に通えたらもっと速く力がつくと訴える子もいる。

地域的不均衡と新たな使命

また、夜間中学は八都府県にのみあり、三九県道にはない。東は千葉、西は広島を境にそれ以外の東北、北海道はもとより、九州、四国にもなく、しかもあっても大都市中心で地域的不均衡も著しい。既存の夜間中学の日本語学級の需要がこれほど高いことからすると、他の県道でも相当需要は高いことが予想される。

現に埼玉県川口市では、京浜東北線沿線だけでも都内の夜間中学に通学している者が多いとして、一九八五年より「埼玉県に夜間中学を作る会」を組織し二〇年以上も運動を継続している。現在は、火曜日と金曜日の週二日、午後の六時半から八時半まで公民館や青少年センターを利用して、毎年二〇人前後の外国人や日本人の中学校形式卒業生を対象として、日本語や算数、英語を中心に学習支援を行なっている。この活動が認められて制度化されれば、都内に通う必要もなくなり、もっと多くの人が通学することが予想される。こうした自主夜間中学校も全国に二〇校は下らない。

もとより夜間中学は、前述した通り戦後の経済の混乱期に昼間の学校にも行けない生徒への支援として出発したもので、この存続の是非は、外国人問題とは切り離して議論すべきだとの意見もありうる。筆者が訪れた大阪の夜間学級には、最高齢八二歳、最年少一七歳というのがあった（二〇〇五年三月）。これは、現在の夜間学級の姿を象徴するものである。八二歳の学習者にとって、夜間学級は、奪われた文字を取り返し、生きる力を与える識字教育そのものである。したがって受講したい科目は、生活に関わる全般に及ぶ。文字を取り戻し、社会や理科を知ることにより、人権、政治、地域社会、健康管理、心の問題に至るまで生きる力を養いつつ人生をやり直している。ここにまた、識字教育が公教育として維持されなければならない必然性もある。

他方、ニューカマーの青年にとって、もっとも関心があるのは、日本語である。そのため夜間学級にいるときは、日本語クラスをぬって受講するような状態が続く。文字を知り、その力を生かして他の科目にまで関心を広げるには、時間的にも肉体的にも限度がある。そこで、ニューカマーの多い夜間学級では、日本語教室以外の教室は受講生が極端に少なくなる例もみられる。単なる国語や日本語とは異なる公教育としての識字教育の理念が、少しずつ変化してきている。

しかし、共通性もある。それは、外国人といえども何のための文字の習得かといえば、それは生きる力の習得なのである。だから関心は、日本語のみに限定されるものではない。かれ／彼女らもまた、ゆとりさえあれば、字を知り地域を知り、さらには社会や制度を知り、趣味や教養も深めたいのである。そのためにもこうした学習機関は、居住地に近接していることが望ましい。しかし現実には、全国で三五学級しかないことにより遠距離通学となり、日本語学級以外にまで参加するゆとりを奪っている。

したがって、現象面をみると、かつての夜間学級の理念と異なる事態が進行しているように思われるかもしれないが、それはむしろ、通学条件や生徒のゆとりによるものなのである。ニューカマーの児童・生徒が、日本の教育界に登場して二〇年以上にもなるのに未だに公教育の内部で制度的な受け入れ体制が保障されていないもとでは、夜間中学の光は消すべきではない。

東京都などをみても、日本語学級のない三校にも外国人生徒はいるが、一般学級には何人外国人生徒がいても加配はないため、教員が国語の授業などを利用して臨時にグループ分けし、「取り出し」で対応しており、他の教科へのしわ寄せも大きい。日本人の不登校生徒も多いなかで、いきなり外国人のための日本語ではなく、夜間中学が果たさなければならない固有の課題も多いだろうが、日本語の需要が高いことは事実であり、日本語学級のない東京の三校はもとより、全国的にもいっときも早い開設が望まれよう。

いずれにしても日本人の義務教育未修了者や形式的卒業者の増大、さらに外国人生徒によって夜間中学にも新たな使命が生まれている。

多様化の進む定時制高校

中学校までは義務教育なので外国人生徒の在籍数は年々増えているが、高校となると激減する。それでもこのところ外国人生徒数が増え続けているのが定時制高校である。特に九五年以降は、ニューカマーの生徒が漸増中である。これは、九二年以降、急増したニューカマーの中学生が高校進学を迎えているからである。たとえば、都立O定時制高校にも二〇〇五年七月時点で、一七人の外国人生徒がいる。国籍別内訳は、中国七人、フィリピン五人、韓国三人、ブラジルとタイが一人ずつであり、フィリピンとタイにはダブルの生徒が交じっている。同校の二〇〇三年一月時点の外国人生徒は、韓国三人、タイ三人、ブラジル二人、ベトナムと中国が一人ずつの一〇人であるから、外国人生徒の総数もさることながら出身国の多国籍化も進行しつつある。こうした傾向は、他の定時制高校にも共通した動きと思われる。

このような近年の動向を踏まえ〇定時制高校では、二〇〇三年四月より一年次生徒へ「学校設定科目」として置かれている教科「国際理解」のなかに、「日本語コミュニケーション」という科目を新設し、日本語教育を必要とする外国人生徒への対応を考えている。これまで多くの高校では、外国人が少ないこともあり、日本語の力に欠ける者には国語の時間などを利用して「取り出し」して日本語を教え、「国語二」に振り替えるようなことをしてきた（現在は、「国語総合」に改訂、V章も参照のこと）。

しかし高校には、その学校の特徴に応じて「学校設定科目」というのが認められているので、最近は、外国人生徒の多い学校を中心に、この枠を利用する所も増えている。これはそうでもしない限り、学習言語が不十分で高学年になるにつれて長欠が多くなり、せっかく入学しながらも授業について行けず、中途退学者を増やすことになりかねないからである。

前述した高校では、卒業まで在籍する生徒は入学した生徒のほぼ三分の一で、こうした傾向は他の定時制高校にもいえる。日本語学習は、高校においていっそう重要になっている。高校には、中学校にあるような日本語学習室としての「国際教室」や「日本語教室」は、制度的には認められていない。しかし、日常生活言語と学習思考言語に大きなギャップがあり、小学校高学年から中学にかけて来日した生徒の多くが、日常生活言語に慣れ、学習思考言語に熟していくのが高校段階であることを思うと、高校でも定期的な日本語教育は欠かせないのである。

たしかに高校側でも、日本語に難点のある生徒には日本語指導員をつけるが、これは高校の免許をもっている人なら何の免許でもかまわないため、そうなると多くは非常勤の大学院生になり、かれ／彼女らの存在を学校全体でしっかりと受けとめて支援する体制には欠ける。前述した「国際理解」も、この教科の教員免許はないので何らかの教科の免許さえ有していれば誰でも教えることができ、非常勤でもかまわないのである。真の国際化のためにも、外国人生徒を支援する教員の常駐化が必要であろう。

現在都内には、定時制高校が九〇数校あり、外国人の生徒が二六〇数名いる（『木苺』、№一二三）。このところの五～六年間をみても、日本人生徒が減少するのに反比例するかのように、外国人の生徒が着実に増加傾向にある。一九九九年から二〇〇四年度までの六年間でも、都内の定時制に通う外国人生徒は一八五人から二六〇人へと四〇％も増え、全定時制生徒数の二％を超えている。しかし定時制高校に関しても、昼間働きながら夜通う苦学生は少なくなり、文部科学省はもとより都教育委員会も、従来のような経済的理由で全日制高校へ通学できない生徒の受け皿としての定時制高校は、歴史的使命を終えたとの認識である。

たしかに都の在籍者でみると、一九五五年以降は五万人台であり、六五年に五万四五七一人のピークを迎えたが、それ以降は減少の一途をたどり、二〇〇四年には、もっとも多い時期の五分の一強にまで減少している。これに合わせるかのように、一九六五年に一二一校あった定時制高校も、二〇〇四年には、分校一校を含め九四校にまで減少した（東京都教育庁、『きょういく二〇〇四』）。学級数も六五年の一二九二学級から二〇〇一年の七〇六学級にまでほぼ半減している。今後、二〇一二年までに、現在の校数はさらに縮小しほぼ五〇校に統廃合の予定という。

しかしここでも夜間中学と同じように、高校をドロップアウトした生徒や何らかの理由で高校を出なかった生徒に交じって外国人の生徒が学んでおり、単純な数の問題に還元できないほど多様化が進んでいる。前述したように、外国人の生徒の多くが義務教育だけで修了する者が多いことを思えば、定時制高校に学ぶ外国人生徒の存在は貴重である。

以前、ある日系ブラジル人の中学生と話した際、彼女の夢は将来日本で美容師になることであった。美容師になるには、中卒でも厚生労働省の定める必要条件に該当する者は養成施設に入学できるが、現実には衛生管理や美容保健、美容の物理・化学、関係法規などを養成施設等で学ぶ必要があり、この入学資格は原則高卒である。今日、多くの資格取得には高卒が要件とされることが多い。経済的貧困が原因で夜間に通う者は少なくなっても、多様性を地でいくように、かつて不登校だった生徒や中途退学者に交じって外国人の生徒が学んでいるということは、ここでも定時制高校に新しい使命が課せられているといえる。

しかし都教育委員会は、定時制高校の再編に取り組んでおり、いくつかの定時制高校に単位制や三部制を導入し、定時制高校も一部を競争進学型の学校に変えようとしている。定時制に通う生徒も多様化しており、種々のタイプの学校が生まれること自体に反対ではないが、これらの統合・再編により通学時間が長時間化するとか、全日制と変わらない受験勉強や競争が強いられることは避けるべきだろう。日本語の不自由な外国人はもとより、日本人の生徒のなかにも進度のスロウな者はおり、多様な存在が受容されるべきである。

また、単位制やチャレンジスクールには、旧来のクラスはなく、生徒自身が自ら関心ある分野の単位を積み上げていく意味では個性尊重型の教育ともいえるが、クラス仲間の解体や教員と生徒の人間関係——いわゆる「師弟関係」——の解体によっては、将来の進路などにおいて先のみえない生徒や日本の学校に不慣れな外国人生徒には戸惑いも大きい。

都教育委員会は、今後も大幅な定時制高校の再編を意図しているようだが、夜間の定時制も昼間の高校のように進学第一主義になっては、全日制に通えなくなった不登校生徒や多くのハンディをもつ外国人生徒の行き場がなくなり、これまでの、少人数制による生徒本位という定時制のもち味すら失いかねない。既存の高校にかれ／彼女らの居場所がない状況では、昼とは違った多様な教育機関があってもいい。ここでも定時制高校の役割が、日本の不登校生徒や中途退学者に交じって、外国人の生徒たちによっても注目されている。

「国際高校」という名の日本人学校

一方、全日制では、国際化の叫ばれた一九八九年に、都内にも国際高校が開設された。外国人に関しては、四月入学二〇人（以前は一五人）、九月入学は帰国生徒と合わせて一五人受け入れているが、例えば四月入学に限定しても外国人枠二〇人（〇六年度は二五人）というのは、あまりに少なすぎる。対象に在京外国人という新概念を作り、たぶんに在日としないで、かつ特定国出身者や漢字文化圏の人に偏重しないようにとの方針には、外国人のなかでも同一エスニシティに固まるのは防ごうとの意図もみえるが、それだけに一般の外国人生徒にはあまりにハードルが高すぎる。

例えば、引き揚げ生徒を引き受けている都内九校の場合は、中学校を修了する時点で帰国後六年以内なら対象となるが、国際高校は三年以内である。中学生で帰国して日本語または英語による作文と面接で合格できる外国人の生徒はかなり限られた者で、倍率はしばしば三倍を超える。

一般に国際学校とは、外国人児童・生徒を対象に、国籍には関係なく英語で授業のなされる学校を意味する（『日本経済新聞』二〇〇四年九月一二日）。しかし、この学校の目的は、あくまでも「日本人」高校生への国際的視野の育成と「日本人」で海外の中学校を修了した生徒の受け入れにあり、外国人生徒の受け入れが主ではない。そのことは横文字の表示からも伺える。国際高校の英語名は通常 International High School であるが、この学校の英語名は Tokyo Metropolitan Kokusai High School と日本語の「国際」をローマ字標記しており、語の厳密な意味での International なのではない。国際高校ですら、日本人生徒の国際感覚の育成には関心をもっていても、外国人生徒と日本人生徒との文字通りの異文化交流を通した「国際教育」をしているわけではない。国際高校といえどもこうであるから、一般の高校に国際化、「多文化」化を浸透させるのはもっと困難ともいえるだろう。

都は、今後多摩地区に中高一貫の国際高校をもう一校つくる予定というが、外国人生徒の入学が著しく制約されているもとでは、通常の高校の国際科とどれほど異なるのだろうか。

多国籍化の進むインターナショナル・スクール

インターナショナル・スクールもこのところ大きく変わろうとしている。かつてインターナショナル・スクールといえば、別にアメリカンスクールともいわれているように、滞日アメリカ人子女の通う学校だった。しかし現在は、日本人子女と並んで、韓国等アジア系の滞日外国人子女が増えている。

例えば、都内で五〇年以上の歴史をもつあるインターナショナル・スクールは、二〇〇二年時点で小、中、高校生四五〇人を擁する学校であるが、アメリカ人は半分を切っている。この学校のできたきっかけは、戦後、宣教師が家族連れで来日し、子どもたちを教育する必要に迫られたのが始まりである。長い伝統をもつこと、アメリカの第三者機関、ワスク（西部地域学校大学協会、Western Association of Schools and Colleges）による、五年に一度の全面審査とその中間期の部分審査により教育内容が評価され正式な学校に認可されていることもあり、入学希望者があとを絶たない。

国籍別でみてもっとも多いのは、アメリカの一九五人であるが、次が日本の九六、韓国の四四、カナダの二一で、なかには、バングラデシュやブラジルなどの子どももおり「多文化」化が進行している。日本とアメリカ双方の二重国籍者を加えると、日本人は一〇〇人を超え、日本人やアジア系の児童・生徒の増加が著しい。

二〇〇三年三月、文部科学省は外国人学校で一条校でなくとも外部の評価機関の審査をパスした学校には、国立大学の受験資格を認定したが、この学校はそのときの最初の一六校のうちの一つである。今後ますます人気は高まると思われるが、入学のプライオリティは、宣教師のつくった歴史も踏まえて、宣教師の子ども、次にクリスチャン、そしてそのほかの子女である。それでもこの多国籍化ぶりである。

こうした日本のインターナショナル・スクールの「多文化」化の背景に、英語への世界的関心の高まりがあるのは事実としても、さらにみえてくるのは、日本の教育界の閉鎖性である。日本の学校は、依然として多文化的な取り組みが遅れている。そのことは、特にアジア系の応募者からみてとれる。

例えばこの学校には、韓国系の応募者が、オールドカマー、ニューカマーともに増えている。これは、日本の学校に行っても差別とその後の就職難があるため、インターナショナル・スクールで英語力を身につけて、アメリカの大学に進学しようとするためである。近年のグローバリゼーションの影響で、アジアの企業も多国籍化し、アメリカの大学を卒業しても日本や祖国での就職が可能だからである。

それと並んで、日本の学校側の日本語教育の立ち遅れもみのがせない。こういうと外国籍児童・生徒の日本語教育を連想するかもしれないが、帰国子女に対する日本語教育の不備も、日本人をインターナショナル・スクールに向かわせている。

前述したこの学校には、日本的な意味での入学試験はないが、入学するのはかなり難しい。学校の説明言語となる英語は、三年以上の現地校での経験がないとついていくのは不可能であり、多くの応募者を断念させている。ということは、日本の生徒の中心は帰国子女である。この子どもたちは、日本語ができれば、日本の学校に通うこともできた生徒である。ところが日本の学校に行っても、日本語の支援が十分になされないためにここに通う生徒も多いのである。

ワスク傘下の学校は、同協会の指導もあって日本語を重視している。すなわち、日本にあるインターナショナル・スクールでは、現地の条件を生かした日本語の話せる生徒の育成が目指されている。そのため日本語は、幼稚園から高三まで必修である。ある意味では日本の学校以上に、日本語教育も含めた帰国子女への指導がなされている。

しかし、学校言語は英語なので、生活言語としての日本語は身についても、学習言語まではなかなか身につかない。このことは、大学入学後も日本語教育が必要なことを物語る。インターナショナル・スクールの日本人生徒に、ＩＣＵや上智大学が人気があるのは、英語の授業が多いこともさることながら、入学後も日本語が学べるからである。帰国子女の子どもたちは、高校でも大学でももっと日本語を習いたいのである。日本語を学ぶのは外国人という図式が、国際化によって崩れており、インターナショナル・スクールも大きな様変わりを迎えている。

こうした学校への補助は市からはなく、都から年間三〇〇万円程度支給されるだけである。積算の基準は、学校割りと生徒割りによるが、後者の対象となる生徒は、都内在住の外国籍の生徒数を基準に算出している。しかも都の補助は、教職員の人権費や図書費、光熱費等の教育関係経費に関する学校へのもので、個人への補助ではないため、一般の子女が通学するにはかなりの授業料負担になる。都が、日本国籍を有しない者を基準に補助金を出すのは、日本国籍者で日本の中学校卒業者は、基本的には日本の国公私立高等学校に通学しているとの認識があるからである。かれ／彼女らへの補助は、そこで果たされると考えているのであるが、現実には、日本の教育で満たされない者をインターナショナル・スクールも含めた外国人学校が補っている。

高校も、一部の定時制高校を典型に外国人生徒が増加する一方で、インターナショナル・スクールの日本人の増加も並行して進んでいる。

複雑な加配の仕組み

こうしていまや日本の学校は、国公私立の別なく、さらにインターナショナル・スクールも含め大きな転機にあるが、公立校の場合、こうした国際化への対応は教員の配置増、すなわち加配でなされている。しかしこの加配は、外部の者にはなかなかわかりにくい。

通常、教員数は学級数に応じて決まるが、特色ある教育には、加配が認められている。例えばチーム・ティーチングの導入、少人数制教育の実践、生活指導上の課題や困難、不登校への対処、外国人児童・生徒への取り組みなどである。二〇〇三年四月一日より、これらのさまざまな加配は、

「児童生徒支援加算」と呼ばれるようになった。人数は、その年にどれだけの予算がつくかによって決まる。例えば、二〇〇四年は、全国で九八〇人分の児童生徒支援加算がつき、それぞれの学校に配置されている。

加配の予算上の出所は、人件費に関することなので文部科学省と都道府県との折半であるが（〇六年度より、国が三分の一、地方が三分の二となる）、要求は区（県なら市町村）の教育委員会にする。これを受けて区は都（府県）の教育委員会に申請し、都から文部科学省への順となる。都の場合、慣例では、毎年一月下旬頃予算が確定し、「内報」という形で伝えられるが、加配教員の配置は単年度単位で、例えば外国人児童・生徒の場合も年じゅう増減があるため、恒常的にもらえるわけではない。

しばしば現場では、加配教員が単年度のため次年度も継続できるかわからず、長期的なシステムが構築しにくいといわれるが、それはその年度ごとの財務省の予算によって補助金の割り当てが異なるからである。また加配の全国一律の基準もない。自治体や学校により、一〇人規模の外国人児童・生徒に一人の加配がつくこともあれば、五～六人しかいなくても申請して通ることがある。

そのため自治体ごとに加配の基準もまちまちである。一〇人に対して一人、二〇人以上はどんなに増えても二人を基準にしている自治体などでは、外国人児童・生徒が全体で一〇〇人いても二人の加配教員で世話しなければならない。これではあまりに加配教員が少ないので、多くの外国人児童・生徒を有する自治体では、国とは別の予算で子どもたちの支援を行なっている。例えば、群馬県では、加配のほかに日本語指導教員を非常勤で採用し、加配の教員と協力して教室運営を行っている。この指導員は、母語の話せる人で、教科学習以外にも母語で相談にのったり、家庭との連絡を行なっている。

また加配の配置は、前述したように外国人児童・生徒の多い学校とは限らない。都内練馬区には、以前、モデル校三校に教員が加配され、現在は、予算の関係上廃止されたものの、この三校はいずれも帰国子女受け入れ校である。練馬区は、中国帰国者の多い所だが、かれ／彼女らの受け入れ校と加配は連動していない。そのため同区内の中国帰国生の多い学校は、「日本語等指導講師派遣制度」を利用している。この講師は、日本語指導講座受講修了者で、取り出しで指導を行っている。加配の設置の仕方も自治体によって異なるのである。

このように日本語教育の運営が自治体によってまちまちなのは、日本語教育が学校教育法にいう特殊教育（平成一九年四月からは特別支援教育、以下同じ）のように法律によって義務づけられたものではないからである（Ⅵ章参照）。養護学校は、一九七九年から設置が義務づけられたが、外国人児童・生徒の日本語教育は、これほど利用者が増えているにもかかわらず、法律による定めはない。これは、外国人にとって日本の学校での教育が、義務ではないからである。

「国際理解教室」の三類型

ところで日本語教室であるが、多くの学校では、日本語だけではなく外国人の母語や母文化の理解も含めながら行なわれており、「国際理解教室」等と呼ばれることが多い。このような教室の運営であるが、いくつかのタイプがある。外国人のための加配教員と聞くと、もっぱら日本語教育の指導にあたるのかと思えば、地域や学校、さらに小・中学校によっても活動内容にはかなりの差がある。ここで主に小学校を中心にみると、第一のタイプは、日本語担当加配として採用された教員が、日本語学級の専任となり一般学級をもたないケースである。これは、加配枠で採用された教員は、取り出された児童・生徒に日本語を教えることを任務としている。このような加配教員の活用は、加配が生徒につくタイプである。

第二のタイプは、教員数が日本語担当加配で増えても、特定の教員が日本語教育担当に限定されないケースである。このときは国際理解教室の担任は、後日、全教員のなかから特定の教員が専任として選ばれるか、数人の教員が自分のあき時間を利用して担当するかになる。前者の場合、誰もなり手がいなければ、校長の職務命令で日本語教育担当者が選ばれることもある。このとき、本人も納得していれば、貴重な経験になるが、しばしば通常の学級運営で問題のある教員や新任に回したり、教員間の力関係で押しつけられたりすると、メンタルな病気になる人もいる。このような加配教員の活用法は、加配が学校につくタイプである。

第三のタイプは、特定の学校がセンター校になっている場合の加配である。このケースでも、外国人児童の指導は、日本語担当として採用された教員と校長の肩たたきによる教員とに配置方法は分かれ、後者の場合だと問題の起き方は、二に似ている。

以上の国際理解教室の類型は、主に正規の教員の責任と活動を中心にみたもので、このほかに自治体によっては日本語指導員や通訳派遣をしているところもあり、これらの学校外職員（臨時も含む）との組み合わせも考慮すると、国際理解教室のタイプはさらに多様化する。加配教員と日本語指導員が協力して国際理解教室を運営する所、むしろ正規の教員より、自治体から派遣された日本語指導員や通訳派遣の人が主になっている所など、いろいろである。こうした学校外職員との連携に伴う格差に関しては、のちにⅣ章でみることにし、ここでは深入りしないでおく。

これらの国際理解教室には、それぞれ一長一短がつきまとう。生徒にとって望ましいのは前述の第一のタイプである。このタイプは、日本語教育への関心に濃淡はあるものの、特定の教員が専属として常駐しており、それだけに児童・生徒の悩みや特徴、さらには進行速度も含めて専任教員が責任をもつ態勢にある。これに学校外職員も加われる体制にあれば、いっそうの充実も可能になる。しかし教員からみると、特定の学校に採用され、勤務はしているものの、学校全体の動きからは浮いた存在になりかねない。また、他の教員からも外国人児童・生徒の問題は、国際理解教室担当教員の問題とされ、なかなか学校全体の問題とされにくい。マイノリティを指導する教員が、教員のなかでマイノリティ化してしまう可能性もある。

第二のタイプは、輪番で数人の教員が担当するため、児童・生徒側からみると、教員が代わるたびに教える方法も違えば、評価も異なるので戸惑いが多い。誰が、その子の日本語力を含む学習能力全体を評価し、責任をもつのかもはっきりしない。専門担当教員でないところから、外国人児童・生徒をみることにより培われた指導に関する蓄積が、次の担当者に伝授されにくい問題も残る。また、教員のやりくりが難しいときは、開室できないことも多く、外国人児童・生徒が行き場を失うこともある。教員側からは、国際理解教室を担当しても一時的なため、学校全体の動きから隔離されない点で好まれるかもしれないが、外国人児童・生徒への体系的な学力形成や生活態度も含めた指導や責任の所在等がはっきりしない点では問題を含んでいる。

第三のタイプは、自分の学校がセンター校である児童・生徒には便利であるが、他校の児童・生徒にとっては、自分の学校に行く前なり、放課後にセンター校に通わなければならず、時間的ロスや負担が大きい。またセンター校の日本語教員は、自分の所属する学校教員というより、地区の学校連合の教員としての性格の方が強く、朝の職員会議すら出席できない構造になっている。他校からの通級の児童・生徒が、登校するからである。放課後なども複数の学校との連絡に振り回されるなど、特定校に所属しながら特定校とのつながりの薄い存在になっている。

このように国際理解教室にもいろいろ差があるが、それでもいまの日本では支援されているだけよい方かもしれない。問題は、外国人の在籍者が増えているにもかかわらず、このいずれのタイプにも相当しない、何の恒常的な支援もない学校が多数存在していることである。

Ⅱ章　深刻化する外国人の子どもの不就学

不就学児童・生徒は

不登校や不就学とはどのような状態をさすのだろう。一般に不就学とは、義務教育の学齢に達しておりながら、どの教育機関にも所属していない、すなわち学籍そのものがない状態をさす。類似の用語に未就学という言葉があるが、これには六歳以下の未就学児などというように学齢に達していないため通学していない子どもも含まれるが、不就学とは、義務教育の年齢に達しながら、学びの機会そのものを欠いている状態をさしている。

一方、不登校とは、義務教育には関係なく、就学の手続きをし、学校に当人の学籍が確保されているにもかかわらず、何らかの理由で通学しない状態のことである。〇五年に文部科学省が、初めて高校生の不登校のデータを公表したのは記憶に新しい（Ⅶ章参照）。

日本人の児童・生徒（小・中学生）の場合は、学籍のある学校に通っていなくても、学校長の認める地域の学習室に通っていれば、登校日数に数える工夫もされているが、外国人児童・生徒には、このような措置はないので、地域の学習室に通っていても、学籍簿のある学校に通っていなければ、不登校とみなされる。中部地方の一部の自治体には、外国人児童・生徒をいきなり日本の学校に入れるのではなく、プレスクールを設け、ここに通っているあいだは、学籍を設けた学校へ通学扱いにしているが、これは来日したばかりの子に限られるし、このようなプレスクール自体がまれである。

しかし以下の叙述では、不就学と不登校を区別しても、学びの機会を欠いている状態には変わりはないので、言葉の差にはこだわらずに、むしろこうした学習機会の剥奪の原因は何かを中心に考えてみたい。

さて、前に日本語教育が必要な児童・生徒数の変化をみたが、この数字をみる際、二点に注意する必要がある。一つは、数字はあくまでも公立の学校に在籍している者で、私立や民族学校（以下、民族学校というときは、在日韓国・朝鮮人学校ばかりでなくブラジル人学校やペルー人学校も含む）に学ぶ者は含まれていないこと。もう一つは、これらの数字には、ニューカマーの児童・生徒のなかで日本の公立校にも民族学校にも通っていない、いわゆる不就学なり、不登校の児童・生徒も排除されていることである。

以前、約二三万人のブラジル国籍者中、一四歳以下の子ども三万人のうちで日本の学校に通っているのが一万人弱という、深刻な事態が報道されたことがある。この数字には、六歳未満のいわゆる義務教育に達していない未就学児童も含まれているが、それを除いてもかなりの者が日本の学校に通っていない現実は、関係者に大きな衝撃を与えた。この報道があったのは一九九九年であるが、それから七年経っても外国人児童・生徒の不就学、不登校は、あまり改善されていないどころか一層悪化しているようである。

例を外国人児童・生徒の多い東海地方のある都市にみてみよう。この都市は、中小企業や軽自動車工場などがひしめく日本有数の企業城下町である。二〇〇五年七月には、周辺市町村の合併により外国人人口も二万九〇〇〇人台になっているが、ここでは過去の就学状況と比較する関係上、合併以前の動きをみておきたい。

はじめに二〇〇四年一〇月時点で外国人登録者数は、二万四二九六人で、内訳はブラジル人が一万三七六一人、フィリピン人二七四五人、以下中国人一八〇四人、ペルー人一六五〇人、韓国・朝鮮人一五八七人の順である。ブラジル人に関しては、入管法改正前の八九年三月末には一四六人に過ぎなかったが、九〇年同月には一挙に前年の一〇倍の一四五七人となり、九一年には四〇七二人となり在日韓国・朝鮮人を抜いてトップの位置にある。市の外国人登録者中、ブラジル人とペルー人でその六五％近くを占めていて、典型的な日系人の町ともいえる。

ところでこの市では、二〇〇三年に〇四年度の就学案内を外国人児童二九六人に発送したが、申し込み申請があったのは、三分の一強の一〇七人に過ぎなかった。国籍別では、韓国人やベトナム人の大半は申請したが、ブラジルの子どもは、対象者二二五人中、六四人と日本の学校への申請は、全体の四分の一をやや上回る程度である。確かに残りのすべての児童が不就学というのではない。周辺には、民族学校があるからそこに通っている者も多いし、転居先不明で戻ったのも十数人いる。〇六年度の入学に関しては、日系南米人三二三通の発送に対し、半分近い一四七人の申請があった。これは、定住化の進行とも関係あるかもしれないが、それでも半分以上は日本の学校を選んでいないし、十数通が転居先不明で戻っている。

現在、外国人の子どもを扱う教育関係者を困らせているのが、この居住地不明のため連絡の取れないケースである。外国人児童・生徒が転校すると、受け入れ先の学校から受け入れた旨の連絡が来るが、かれ／彼女らを受けもった教員の間では、そのような連絡のなかった子どもも何人かいるという。なかには、帰国した児童・生徒もいるが、転校をきっかけに新しい居住先で編入手続きもとらずに学校から離れてしまう子どもも多い。

このような問題の生じる理由の一つに、外国人登録法が昨今の外国人の居住スタイルに合わなくなっている現実がある。外国人が居住地を変更するとき、日本人とは異なり、転出前に自治体に届け出る必要はない（八条の「居住地変更登録」）。新しい居住地で一四日以内に転入届を出すと転出先の自治体に後日連絡される仕組みになっている（出入国管理法令研究会編、『出入国管理・外国人登録、実務六法』）。これは外国人登録法が、あくまでも出入国管理の方に重心が置かれており、定住者が一般化しない時代の産物ともいえる。

日系人は出入りが激しい。八条にいう居住地が、必ずしも「住所」を意味せず、居住地の重複を回避する原則から日常生活を主に営む場所となると、ホテルや一時滞在の友人宅でもいい訳で、条件次第でまた転出を考えている者などは、新規の転入手続きをとらない者も多い。そのため行方知れずになるのである。日系人をはじめとして外国人の定住化、永住化が進行している現在、外国人にも住民基本台帳法並みの手続きが必要である。

住居が知れなくなると、子どもも就学の機会を逸し、こうした子どもの存在も計算に入れれば、不就学の数値はもっと高くなる。居住不明の児童・生徒が三〇％近くにも及ぶ自治体もあるというが（『外国人集住都市会議in豊田、報告書』）、先進社会にもかかわらず多くの不就学児童・生徒をかかえていること自体問題であり、近年、ようやくいくつかの自治体でこの問題を重く受け止め、調査もされ始めている。そのなかに、外国人集住都市会議に加盟する市町の行なった調査があるが、不就学率のもっとも高い市で五六・三％、もっとも低い市で九・一％、平均二八・八％であった。ただしこのなかには、外国人学校の在籍者が含まれている自治体もある。

そこで他の自治体の調査や外国人学校へ通学している者も区別してみると、地域差もあるが、日本の公立校に就学している者が四〇％前後、民族学校や塾が三〇％前後、帰国や転校で把握できなかった者がほぼ二〇％、不就学一〇％前後がおおよその傾向である。帰国や転校とされた者のなかにも不就学が含まれていることを思うと、この層はもう少し増える。地域によっては、不就学児童・生徒を三〇％前後とみている所もある。外国人集住都市会議の平均に近い数字である。

就学案内・通知

このような就学期にありながら、どの学校にも属していないかなりの数は、どうみればよいのだろう。大人の半年や一年の学習上のブランクは、それほど大きな障害にはならないかもしれないが、言語や抽象的思考能力を養う子ども期に、しかるべき教育機関に通わないというのは、その子の将来にとって決定的なハンディをもたらす。なぜかれらは不就学の状況に追い込まれているのだろうか。

通常日本では、小学校の入学年齢を迎えると日本人は住民登録票により、外国人は、外国人登録原票により、該当する児童が抽出され就学通知なり案内が送付される。外国人児童・生徒には、就学の権利はあっても義務はないので、最初に届くのは就学案内の方である。同封の入学申請書等により、就学の意思を確認した段階で健康診断の通知がなされ、検診後、健康であることが証明されれば入学通知が送付される。

しかし親が、超過滞在者となり、「出入国管理及び難民認定法」（六二条）に定める「国又は地方公共団体の職員」による通報を恐れ、居住地が未登録の者や外国人登録に記載されていない子どもには送付されない。数は多くはないが、無国籍の子や、母親が外国人の超過滞在者で日本人の夫が胎児認知しないために日本国籍の取得できない子どもも外国人登録をしなければ対象外となる。自分が超過滞在者で、夫の行方がわからず出生届が出せない場合も少なからず存在するが、こうした子どもも対象外となる。

日本人の父親との親子関係がはっきりしているなら、「出生による国籍取得」には出生後の認知でもよさそうなものであるが、日本の国籍法では二条の一で「出生のとき父又は母が日本国民であるとき」となっているため、胎児認知でないと父の日本人としての要件が充たせないのである。外国人といえども、日本人を基準にした国籍法に従わざるを得ないのである。また中学校への入学は、小学校卒業を前提にしているため、日本の小学校に在校していない生徒は、新規に入学手続きをしない限り困難なことも多く、他でもふれるが日本国籍者の場合は、小学校を卒業していない場合中学入学が認められないこともある。

外国人登録は、日本人の住民登録に相当し、これをしていない子どもが受け入れられないのは当然とする自治体もあるが、日本も批准している「国際人権規約」や「子どもの権利条約」では、子どもの学習する権利は、親の滞在資格に影響されてはならないことが、直接・間接にうたわれている。親の滞在資格は、子どもの努力の範囲を超えたものであり、超過滞在者であっても、それなりに地域で安定した生活をしている者も多い。以前、特別在留許可申請の報道で明らかになったように、超過滞在者の子どもでも日本で生まれ、日本の学校に通い、母国や母語を知らない子どもも多い。不景気が長期化するなかで、外国人労働者を頼りにしている零細企業も多い。

この問題をつめていくと、日系南米人以外は単純労働を認めていない現下の入国管理施策に行き着く。就学期の子どもが、血統的な入国管理政策の犠牲になっているのである。九六年の法改正により、外国人が離婚しても日本人の血をひく実子を養育している正規の在留者には、七三〇通達により定住が許可されているが（就学期の子どもがいる場合には、入管が就学の真偽を学校に問い合わせることもある）、これなど血統主義的入国管理の最たるものである。国籍ではなく親の職業や家族の地域での生活を総合的に判断し、国籍や親の滞在資格だけで子どもの学習権が奪われることのないようにする必要がある。

さらに自治体によっては、六カ月未満の短期滞在者の就学は断る所すらある。もともと義務教育段階にある子どもの学習の権利は、一日たりとも否定されてはならず、六カ月未満というのはあまりに長すぎる。三カ月以上滞在する者には、外国人登録が義務づけられており、登録した子女にすら就学の認可に滞在期間で差を設けるのは好ましくない。

不就学の「構造化」

自治体によっては、未登録外国人であっても住所が確認でき、年齢がわかれば、「子どもの権利条約」や内外人平等の原則を尊重して就学を認める所も多い。なかには近所の人が不就学に気づき、教育委員会と相談し、未登録外国人にもかかわらず住所と年齢を確認し就学させたケースもある。

一般に学齢期に達している児童・生徒は、外国人登録をした時点で教育委員会を紹介され、年齢に応じた学年に編入する手続きをする。しかし、かれ／彼女らの教育が義務ではないため、学校によっては相談の段階でそれとなく断る所もある。その断り方も、受け入れた経験がないとか、親が日本語をぜんぜんしゃべれないからなどの理由である。あるいは、もっといい学校がありますよ、などという婉曲的な断り方もある。以前、四国のある自治体で外国人児童・生徒を集団単位で拒否し、全国メディアでもとりあげられたが、さすがにこのようなことは減ってはいるものの、外国人児童・生徒の扱いは、日々の生徒指導に明け暮れている教員や教育委員会にとって、依然として厄介な問題とされている。

そればかりか未登録外国人の就学には、自治体によってその対応が大きく異なる。詳細はⅣ章に譲るが、外国人児童・生徒の集中しているある自治体では、新年度入学者のための就学説明会を設けているものの、その説明文の前文には、外国籍の子女には日本の学校への就学義務がないこと、受け入れの条件としては、同地域に外国人登録をし、引き続き一年以上就学可能で、保護者（父または母）と同居し、かつ保護者、本人とも就学希望の強い場合と断っている。その上で、在留資格が短期滞在や在留期間を超えている場合、さらに就学説明会を欠席した場合は、就学希望のない者とみなすことも確認されている。

日本語の堪能な外国人がこれを読んだなら、外国人児童・生徒がほとんど歓迎されていないことを見抜くのは容易だろう。こうした自治体の姿勢を批判するのは簡単だが、この細かな制約の背後には、むしろこれまでそれなりに外国人児童・生徒を受け止めてきた自治体が、そのあまりの出入りの激しさゆえにガードを強化している面も見逃せない。近年は、一地方自治体で対応できる範囲を超えており、外国人集住都市会議が定期的にもたれるようになったのもこのことを物語っている。

ただそれとも別に、いま述べたような例は、非正規滞在者はもとより正規滞在者であっても、日本の教育界には、外国人児童・生徒を本人の意思とかかわらないところで不就学に導く「構造」が存在していることである。外国人児童・生徒の不就学というと、われわれは生徒側の問題にのみ目を奪われがちになるが、行政の側にも不就学を誘導する「構造」のあることを見逃すべきではない。

こうした不就学の「構造化」のなかでも看過できないのは、年齢によって機械的に切り捨てられるケースである。日本の学校規則では、一五歳の年齢を迎えたその年度末までを義務教育と定めている。これを逆手にとって、自治体によっては、一五歳を過ぎた外国人生徒の就学を認めていない。自治体のなかには、その根拠を教科書無償の原則は、一五歳までと解釈している所もあるが、それならば、教科書を自前でもてば、受け入れるのだろうか。教科書無償の対象者は、年齢によるのではなく、あくまでも義務教育の在籍者である。

東京都でもっとも外国人の多いある自治体では、一五歳以上の生徒は受け入れずに、夜間中学校を勧めている。アジアの近隣諸国のなかでも中国や韓国と日本の学期は微妙に異なり、九月卒業予定の帰国者が、四月や五月に日本に帰国してすでに一五歳を過ぎていると、受け入れてもらえないことが多い。これは、学齢超過に加えて、外国人の日本の学校への就学は義務ではないからだが、こうなると中学校すら卒業できない生徒を生むことになる。高校に入るには、中学校の課程を修了するか、中学校卒業程度認定試験に合格しなければならないが（中学校卒業程度の学力を個別に検査する学校もある)、一五歳を超過しているだけで、中学校課程からも自動的に排除されるのである。

来日時の年齢と日本語力

あらためていうまでもなく外国人の子どもたちは、来日時期、年齢、成長のプロセス等により千差万別である。しかし、来日時の年齢によっていくつかのタイプに分けて、日本語習得の特徴と問題点を確認することができる。

一つは、日本で生まれるか、小学校就学前に来日した子ども、二つは、九歳の壁とも言われる小学一年から四年に来日した子ども、三つは、小学校高学年で来日した子ども、四つは中学生で来日、五つは、高校で来日である。一のグループは、当然、日常生活は日本語となり、母語が不自由となる。そのため両親との意思の疎通に悩むことになる。二は、小学校前半は、母国だったが、後半を日本で生活する子で、やはり日本語が生活言語となり、母語喪失の可能性がおきる。

三は、小学校をほぼ母国で送り、日本の小学校高学年で来日、日本語も母語も不十分なグループである。四は、完全に、中学レベルで来日した者で、日本で高校教育を受けるには、制度面と日本語力の面で不利であり、日本でも母国でも高等教育が中途半端になるケースである。五は、完全に、働くために来日したグループである。このように来日の時期によって五段階にわけてみると、日本語の完全なグループ、母語の完全なグループ、どちらも不完全なグループと大きく三段階に分けることができる。

その上で問題が深刻化するのは中学段階といえる。中学校になると日本の子どもからみても教科の内容は一段と高度化する。例えば覚えなければならない漢字は、小学校六年時点までの一〇〇六字から、中学段階では、三年間のうちにその他の常用漢字九三九字を、一年生では二五〇字から三〇〇字、二、三年生では各学年ごとに三〇〇字から三五〇字ずつ読み、かつ文章のなかで意味を理解しつつ応用できるようにならなければならないし、各教科に登場する漢字や専門用語も急に多くなる。また、小学校と中学校の大きな差は、学級担任制から教科担任制になることである。そのため外国人の生徒も、一人の教員によって教科ごとに進捗度が把握されなくなる。このことも、外国人の生徒にとっては親身に相談にのる教員がいなくなり、大きなハンディになっている。

しかも国際教室の方も、小学校にはあったが、中学校にはなかったということもよく聞く。国際教室を開室できる基準が生徒数五人以上となると、中学校では三学年で五人以上となり、六学年ある小学校の基準の倍の確率で難しくなる。そうであれば、外国人生徒には、中学校には日本の子どものように学区制を適用しないで、学区外通学を認めることも一つの方法である。外国人児童・生徒をまとめて日本語教室を開室し、体系的な授業も可能になるからである。

それはともかく、ある外国人児童・生徒を扱うベテラン教員によると、小学校五年から六年の段階で来日した生徒が一番伸びるという。理由は、ほぼ母語ができており、難しい言葉や抽象的言語もいったん母語に置き換えて理解することが可能なので、教員側にとっても指導しやすいからだという。それ以後でもそれ以前の年齢でも、日本の学校の教科に慣れさせるにはかなりの努力を要するという。

低学年での来日では、抽象的な言語は、母語すら形成されていないためほとんど理解不可能なこと、逆に中学生の特に高学年での来日では、かなり高度な専門用語や漢字が出てくるのでほとんどついていくことができないからである。特に最近は、衛星テレビの普及により、どの日系人家庭でも現地語が受信できるようになっており、高学年で来日したときは、よほど自分に厳しくしないと日本語はなかなか習得しにくい。加えて、一五歳の誕生日を過ぎると日系南米人を典型に、合法的に就労が可能になるので卒業を待たずに働く生徒も多い。親の助けをしているという満足感が、中退を合理化し、学ぶ機会を奪ってしまうのである。

人間とは、言語能力を通して成長するものである。日本語においても母語においても中途半端な言語能力しか身につけられないことは、その人間の思考能力はもとより精神面での発達にとっても甚大な影響をもたらす。外国人に対してわれわれは、日本語力はともかく、母語は完全とみなしがちであるが、こうした子どもは母語も不完全な場合が多い。家庭内言語や話し言葉に限定され、読み・書きの訓練が欠けているからである。

問題は、単なる日本語力のみならず、母語、そして抽象的言語能力を媒介とした人間としての精神面での発達と広範囲にわたるのである。

不登校の諸類型

以上のことも含めて考えてみると、外国人児童・生徒の不就学には、五つくらいの原因があるように思われる。①本人の学習意欲の欠如によるもの。②両親や家族に起因するもの。親が常に移動を繰り返したり、帰国か定住かの方針がはっきりしないのも、子どもをしばしば不安にする。③いじめなどの人間関係が原因で不登校になるもの。いじめにあっている子どもは、日本の子どももそうであるが、事実をはっきり言わないので教員は単なる学校嫌いとみなしかねない。④日本語指導や受け入れ態勢の不備で授業についていけず、学校が面白くなくて行かなくなる場合。⑤構造化された不就学である。

①の本人によるものとしては、もともと学習に関心がなく、ブラジルにいたときから不登校気味だったケースである。筆者の聞いたタイプでは、A君は、ブラジルにいたときから何度も落第し、いつも下級生と一緒で幼稚さが残り、文字文化そのものへの関心が薄く、日本でも同様の行動がみられた。これは、来日以後、日本語がわからなくてというよりは、ブラジルにいたときから文字への関心や慣れができていないことに起因する。

②は、両親が日本と本国を行ったり来たりしているうちに学習困難となり、ドロップアウトするケースである。弟妹の世話をさせられ、学習に集中できない、親の離婚・再婚に振り回され安定した家族環境の下で生活できない、なども家庭に原因のあるケースである。親の滞日計画がはっきりしないため、日本の学校にどっちつかずの状態で接しているうちに、学習意欲を喪失していくのも

親の責任が大きい。「がまんしろ、もう少ししたら帰国するから」などという親の何気のない言葉も、子どもの学習意欲を大いに左右する。苦労して学んでいる意味がわからなくなるからである。

親の職業が不安定なのも学習意欲に大いに影響する。東海地方の外国人の多い市で聞いたことだが、市内のある中学校は、日系人と学校の連携がよくとれているという。この学校に通う日系人の子どもの親には港湾関係で働く人が多いが、直接雇用である。そのため社会保険にも加入でき、子どもも安心して学べる状況にあるという。これなどは、親の就業の安定が子どもの学習にも影響する例である。

日系南米人の多くは、いまなお人材派遣業者による間接雇用である。間接雇用の場合、雇用形態からして出稼ぎ感覚となり、そうなるといずれは帰国するのだから、子どもが一時的に学校になじめなくてもやむをえない心境になる。そうしているうちに五年、一〇年と過ごしているのだが、雇用形態も親の日本での滞在意識を深く規定し、親の出稼ぎ感覚が子どもの教育にも大きな影響を与えている。

③は、祖国の独自の習慣や文化が原因でいじめにあったり、抑圧を感じ、学校がいやになるケースである。日本の学校は、管理教育の先端をいっている。人の話を聞くときの姿勢に始まり、食事中の作法、廊下を歩くときの左右の指定や脱いだ靴の方向に至るまで何かと規則ずくめであり、これが適応指導の名のもとに仕込まれる。

近年は日本の児童にもみられるが、じっと座って他人の話を聞く習慣のない国もある。日本では、学校に拘束される時間も長い。ブラジルは、義務教育は小学校四年、中学校四年の合計八年間で、しかも午前と午後の二交代制であり、拘束される時間も一日あたり四時間である。これは、音楽や家庭科のような科目がなく、教わる科目数が少ないことにもよる。日本は、中学ともなると科目数はブラジルの倍近くになる。これでは遊ぶ時間もなくなるが、この教科科目の両国の違いも生徒の学習意欲に大きく関係してくる。音楽などでは、一斉に立ったり座ったりして歌い、演奏することに疑問を抱くより、その統制のされ方に不気味さを感じる生徒も少なくない。

またブラジルの子どもはよく遊ぶが、この遊びを通して子どもたちは、社会のことを学び、人間にとって必要な自立心を身につけていく。日本の子どもたちは、過度に管理されすぎて、自分で人生のことを決める意欲まで奪われていると映るのである。

④は、単に個々の学校というよりは、日本社会全体の外国人政策なり教育方針に関するものである。例えば、日本語教育の方法が貧弱で十分に力をつけてやれないことや、学校の仕組みについての情報が母語で案内されていないため、必要な知識に欠けることなどがある。

現場の教員によると、外国人児童・生徒が不登校化するのは、月によっても異なるという。その上で長期休暇後は要注意という。これは、休み中、緊張感が緩むことにもよるが、休暇中の日本的な練習帳や宿題に対する基礎知識がなく、学期の始まるときに追い込まれた心理になることも関係している。計算問題などは、誰かの助けを借りて急遽仕上げることができても、毎日の温度、天気、植物観察などは、もう手遅れなのである。こうした日々の学習訓練を重んじる習慣・文化は、日本の学校制度に絡めてあらかじめ母語で説明しておく必要がある。

また自治体単位、国レベルで、進路が保障されていないことも学習への意欲を減退させている。学校で勉強しても進路が保障されているわけではない。愛知県は中小企業が集中し、日系南米人を中心に外国人児童・生徒数は多いが、外国人生徒に特別枠が作られたのはかなり遅い二〇〇二年度からで、それもたった三校である（二〇〇五年一一月現在）。日系南米人は、労働力として単純労働者とはいえ合法化されておりながら、子どもの教育においては、インドシナ難民や中国帰国生の谷間の存在なのである。

また日本で学んだことが、ブラジルで直接役にたつわけでもない。英語やスペイン語なら、帰国後も海外留学や中南米で仕事をするのに学んでいても損をすることはないが、日本語は、日本でのみ使用価値のある言語に過ぎない。日本語の世界で置かれている地位、さらにはこの国で進学したあとの人生経路、職業選択のモデルが確立していないことも学習意欲を弱いものにしている。

⑤は、制度的・構造的に外国人を不就学状況に追い込む、日本の教育界の閉鎖的システムの問題である。日本では、超過滞在者の親が子どもを学校に送るのはかなりの勇気を要するが、それ以外にも短期滞在者や日本の学校文化に合わない子どもは、ふるい落とされている。いくつかの学校では、体験入学や期間を限定しての入学などが行なわれ、入学前の学校理解に努めているが、実は、この期間は学校側の日本の学校文化への生徒の適応いかんを判定する事前探知期間にもなっている。合法的な就労者の子どもですら、短期滞在や学校文化に合わせることの困難を理由に、ブラジル

入学校や不就学へと追い込まれていることは、日本の教育界には本人の意思にも関わらないところで、外国人児童・生徒を不就学に誘導する「構造」があるということでもある。

敬遠される日本の「学校文化」

こうした制度上排除される不就学とは別に、もう一つ無視できないのは、日系人のかなりの数が、日本の公立校への就学を避け、ブラジル人学校や同系の塾を選んでいる事実である。日本の公立校なら少額の教材費等の出費ですますことができるが、ブラジル人学校となると平均でも四～五万円はかかり、送り迎えをしてもらうと六万円にもなる。兄弟でブラジル人学校に通う場合は、割引制度もあるが、それでも一〇万円近い出費は、生活が不安定な外国人には荷の重い金額である。にもかかわらず民族学校を選ぶのはなぜだろうか。

いくつか理由が考えられるが、代表的には、次のような事情がある。一つは、帰国する時のため、母語を喪失させないようにし、帰国後現地の学校に編入できるシステムにひかれてである。ブラジル人学校のなかには、ブラジル政府（教育省）の認可を受けた学校がいくつかあり、このような学校は、日本で修得した単位が換算され、編入できるようになっている。二つは、日本の学校になじめずに、あるいは前述したいじめが原因で日本の学校を中退し、民族学校に行くケースである。三つは、本人側の何らかの判断ではじめから日本の学校を避け、ブラジル人学校を選んでいる場合である。三より二の方が圧倒的に多いが、三も無視できない。

一の理由は目的がはっきりしているが、しかし実態は、滞在長期化によって卒業後も日本に住んでいることが多い。ブラジル人学校は、前述したように帰国を前提にしているため、日本語をはじめ日本社会のことはあまり教えていない。最近でこそ、卒業後の実態、すなわち日本滞在という事実に合わせて、日本語や日本社会の紹介に力を入れる所も出てきたが、それでも主目標は帰国後のスムーズな教育連携にある。今後は、滞在長期化のなかで、日本語教育をも含めたカリキュラムの充実が急務である。

二と三の生徒は、本来は日本の学校が受け止めるべきである。子どもの受け入れ機関が、多様に準備されていることはいい。今日のように頻繁に行き来する家族もある場合は、なおさらであり不可欠ですらある。しかし〇四年夏、ペルー、ブラジルを訪問し、日本から帰国した多くの子どもにインタビューする機会を得たが、そのなかには、日本の学校を避けた者もいた。これは、ブラジル人どうしの間でも有名な日本の学校のいじめへの不安や日本的学校文化を敬遠してのためであった。

いじめに関しては、国籍を問わずに子どもの人権問題として教育委員会なり学校が具体的な防止施策を公表し積極的に取り組むべきである。イギリスではすでに一九七六年施行の人種関係法が、子どもの世界のいじめを含む差別に目を光らせているが、それでも街頭でのレイシスト（人種差別主義者）による黒人青年の殺害事件や警察署の人種差別を防げなかった反省から、二〇〇〇年には人種関係（修正）法の施行により、差別やいじめには一段と厳しい態度でのぞんでいる。各学校は、人権尊重の観点から人種平等の実現を中心課題とすることが求められ、その遂行のためアクションプランを公表すること、さらに抜け穴がないか、あるいは効用のいかんをモニター制度でチェックする念の入れ方である。

日本では、差別は依然として心の問題とされ、法で裁いても差別の心がある限り問題の解決にはならないとして、法に基づく規制より教育・啓蒙の問題に置き換えられているが、現実はそれほど甘くはない。多文化の時代、人種差別や人権侵害には、法による規制も含めて検討すべきである。

また日本の学校を避ける理由には、独自の学校文化もある。ある外国人集住地域の教育委員会では、外国人児童・生徒への学校案内に、ピアス、指輪、口紅等の装飾品は認めないとあり、さらに欠席の際も必ず連絡し、授業中の態度も日本の方式に従うこと、とある。このような決まりは、日本の多くの教育委員会、そして学校に共通のものである。

しかし、指輪、口紅はともかくピアスをするのは、単なるオシャレからではない。彼女たちは、生まれるとすぐ親が耳に穴を開け、ペルーなどでは祖父母が孫の幸せを祈願してピアスを贈る。ブラジルでは、お金に困らないようにと願いを込めることもあるという。これは装飾品というよりは、健康や健やかな成長・安全を祈願した保身的かつ儀式的意味合いをもつ。それゆえ彼女たちは、できるだけ常に身に着けることを望む。

また欠席の連絡も、夫婦で働いている家庭では、マイクロバスによる送迎上、子どもの登校前に家を出る者も少なくない。出勤のとき眠っていた子どもが、寝過ごしそのまま登校しないとは思ってもみないのである。学校によってよく管理されている日本の家庭と比較すれば、このような規則に従わない日系人は、たしかに扱いにくい家庭なり生徒とみなされるだろう。生徒もそのような雰囲気を敏感に察知し、行きづらくなるのである。

ブラジル滞在中、帰国児童・生徒の聞き取りで知ったことだが、日本の学校には、定期的な所持品検査で、この時代に腕時計を禁止している所もあり、かれにはいまもって不思議のようだった。これは、高価なものの持ち込みによるトラブル回避もさることながら、さらにはみんなと違ってはだめという日本的考えも底流にある。

また、授業中の態度を日本の方式に合わせるというのもかなり押しつけ的なものである。しばしば学校では、「大声は出すな」「物は投げるな」「頬杖はつくな」「足組みするな」と注意する。しかし、ペルーなどでは教員と生徒の関係は友達感覚で、ほとんど上下関係は意識しないというし、ブラジルではみんな大声で話しており、足を組んだり足を出して話すことも別に失礼ではないという。むしろ日本人の方が、いつも他人の目を気にしてひそひそ話し合っているように思えるとは、インタビュアーが筆者に語った言葉である。

足組みして聞く態度は、日本人教員には気になる態度かもしれないが、これには目上、目下の上下関係のはっきりしている特殊アジア的・儒教的文化が前提になっている。しかし、人によって独自の敬語文化を使い分ける国の方がマイナーであることを考えると、多文化も進行しているおり、もう少しかれ／彼女らの文化を理解しえたら、日本の学校にとどまる生徒も多いと思われる。

かれ／彼女らの文化をそれなりに受け止め、学級のなかで出身国との文化の違いをときに議論し、相互交流するくらいのゆとりがあってもよい。少なくともかれ／彼女らを民族学校へと向かわせ、「隔離」するのは、日本の生徒にも地域社会の「多文化」化という現実を見失わせ、異文化を知る機会すら奪うことになり、失うものも大きいと思われる。

異質な生徒の排除

外国人児童・生徒を受け入れている学校を訪問すると「日本人とはいっさい区別しておりません」「日本人と同じように扱っています」ということをよく聞く。たしかに、生徒の権利面などでは日本人と同等に扱わなければならないが、文化的な差異は考慮しないと外国人にとって学校は抑圧の場となりかねない。かれ／彼女らは日本人ではなく、日本人とはまったく異なる文化のもとで教育を受け、日本にいても家に帰れば日本の文化と異なる環境で生活している。校門をくぐった瞬間に家庭の文化は棄て、日本人と同じ行動をとれといわれてもそれは不可能であり、それなりの配慮がなければ相当の重圧を感じて生活しているのではないだろうか。

ある校長先生は、「イヤリングなどはさせません。日本の学校は集団性を身につけさせる所であることを説明して、みんなと一緒の行動をとれない生徒はお引き受けできないことをはじめに説明する」と述べている。これまでのいくつかの調査でも、少なからぬ先生が「日本の文化に合わせようとする外国人の生徒は少ない」「学校では日本の方式に従ってもらいたい」と述べている（『「多文化」化の中での就学・学習権の保障』、国民教育文化総合研究所）。

たしかに、集団を扱う教室での異質な振る舞いは、学級運営上、効率の妨げになることも多いが、国際化とは、自明のものとされている日本の学校文化も「絶対化」せず、相手の文化を理解し相互に交流し合うところに成立する。これは単なる教科の学習効率より、生徒にとってはこれからの国際人としての感覚を身につける上で重要な訓練になるのではないだろうか。

以前、中国から来た子どもは、クラス仲間から「なぜ日本に来たの、歩いてきたの」「中国にはエアポートはあるの、テレビはあるの」と聞かれて不愉快な思いをしたという。お隣の中国に対してすら子どもが、正確な知識をもっていないとなると、日系南米人がなぜ地球の反対側から働きに来ているかはわからないだろう。自分の学級に存在している身近な関係・文化の理解から国際化の一歩は始まるのであり、それを考慮することなく一方的に同化を強制することは、学校を、日本を真に開かれたものにすることができないだろう。

また、日系南米人のなかに縄跳びの仕方が日本と違ったために笑われてショックを受けた生徒がいる。母国の跳びかたには一種類しかなく、いじめにあいそうになったが、「私のどこがおかしいかを教えて、私も人間であり誰とも仲良くしたい」と必死に訴えたことと、間に入った先生が授業時間を割いて討論に充ててくれたことで不登校にならずに済んでいる（前掲書）。外国人に対するいじめは、ちょっとしたことがきっかけであり、この事例は、あらためて異質なものとの対話の重要性を教えてくれる。

しかし、日々の生徒指導に追われる教員には、なかなか目の行き届かないことも多く、かつ学校のような教育機関は、一般に異質なものを切り捨てる傾向が強い。日本の学校や教育委員会が、入学させる前に「体験入学」や「一日入学」をよく開催するのは、受け入れる前に日本の学校制度、雰囲気、校則を知ってもらい、かれ／彼女ら自身に適応できるか否かを判断して欲しいためであろう。「体験入学」や「一日入学」は、外国人生徒の入学の踏み絵になっている。

その結果が、三のタイプの生徒、つまり学校の説明会には参加したが、手続きは取らなかった生徒となって現れている。説明会では、「同化」という言葉こそ使わなくても、日本の学校教育の狙いが、協調性、集団性、社会性を養うことを名目とした「同化」にあるとみて、その後の摩擦を恐れて敬遠するのである。しかもこれらの教育目標は、そのまま親にも学校行事への参加・協力という形で求められており、当面は短期決戦で仕事を主に滞在している親にも負担となり身をひかせている。日本の学校は、子にも親にも協調性や社会性という名目で、実質的にはみんなと同じ行動を期待する「同化」の圧力が、かなり強く働いている。

求められる「同化」への反省

この「同化」への配慮は、日本が歴史的にも異質な文化を認めず、同化以外の共存の経験をもたなかった国だけに注意する必要がある。現在でこそ日本には、多くの外国人が入国し、子どもの教育が学校の大きな課題となっているが、日本人が日本人以外の子どもたちの教育に大量に出会ったのは、これがはじめてではない。少なくとも二度ある。その一つは、アイヌの子どもであり、もう一つは在日韓国・朝鮮人の教育である。このときみられた方法には、いまの外国人の教育にも通じるものがある。

例えばアイヌの子どもの教育には、和人の生徒と徹底した別学教育が行なわれ、説明言語にアイヌ語が使用されることはあっても、上級生になると日本語のみであり、アイヌ語に誇りをもつような教育は一切なされなかった。これは多言語・多文化の蓄積のない当時としてはやむをえないと思われるかもしれないが、時を同じくして、聖公会の伝道師たちも日本でキリスト教の布教を兼ねて教育活動を展開しており、例えば北海道を活動舞台としていた英国人宣教員バチェラー夫妻は、原住民の言語を重視した。

バチェラーは、日本語を話そうとしたアイヌの児童にアイヌ語で話すように指導したという。植民地の言語政策という点では、明らかにイギリスは日本より一歩も二歩も上手であった。そのためアイヌの児童は、日本の学校よりも聖公会の学校に行きたがったが、日本政府は、聖公会の活動はむしろ日本語の習得を遅延させ、同化の妨げとしかみなかった。母語を新しい言語習得の障害としかみない現在の見方は、日本ではこのとき以来のものである。

このような隔離と同化による日本人化の方法は、やがて台湾や朝鮮半島の人々にも踏襲されていく。代表的なものは、戦後の在日韓国・朝鮮人のおかれた教育である。当初かれ／彼女らは、民族の言語を取り戻すために国語講習所を設けたが、ＧＨＱがこれを拠点とした左傾化を恐れたためあえなく閉鎖され、日本の公立校へ統合された。ところが一九五二年のサンフランシスコ平和条約で在日朝鮮人が外国人となると、今度は帰国が奨励され、日本の学校での教育は「恩恵」とみなされた。その方針は、今日に至るまで変わらない。

一九六五年六月に日韓地位協定が締結され、同年一二月には在日の教育に関する文部次官通達、「朝鮮人のみを収容する教育施設の取り扱いについて」が出された。しかしこのときでも、「朝鮮人としての民族性または国民性を涵養することを目的とする朝鮮人学校は、わが国の社会にとって、各種学校の地位を与える積極的意義を有するものとは認められないので、これを各種学校として認可すべきでない」としている。しかし、各種学校の認可権は都道府県にあるので、多くの自治体が朝鮮人学校を各種学校として認めているが、政府の態度は、このとき以降も一貫して変わっていない。

その証拠に二〇〇三年に文部科学省は、国立大学の入学資格に学外の評価機関から一定の水準を充たしていると認められた欧米系の卒業生の大学受験は認めたが、古くから運動してきた朝鮮人学校をはじめとするアジア系の学校には、当初、受験資格を認めなかった。日本語にこだわる政府の見方からするとアジア系学校の卒業生こそは、ほとんどが日本語を流暢に話し、欧米系の生徒は、大学でも日本語教育がなければ大変、と思われるにもかかわらずである。これは朝鮮人学校に対する態度が、国際化を叫ぶ現時点でもまったく変わっていないことを示している。

日本の教育界には歴史的にみても、①「旧植民地」の朝鮮人学校を多文化の観点から捉える姿勢はなく、②朝鮮語は、公教育の対象とされず、課外扱いであり、③旧植民地住民への母語の重要性の認識もまったくなかった。そのうえ、④公教育を外国人に権利として認めるという発想もなく、⑤朝鮮人の文化や来日の経緯を考慮する授業もなされなかった。このような特徴は、現在の日本のニューカマーの受け入れにも一貫して受け継がれている。

日本の伝統的なナショナル・マイノリティに対しても、エスニック・マイノリティに対しても、多様性は豊かさの現れであり、自国の文化だけを絶対化しないで、異質な文化の理解を通して自らの文化をも豊かにしていくという多文化の視点は欠けている。しかし教育界では、口を開けば国際化を叫んでおり、たしかに学校や地域社会の「多文化」化も確実に進行している。となれば、異質なものを排除したり、一方的に同化させるのではなく、違いを違いとしてそのまま受け止め、自らも豊かにする方法が確立されなければならない。

これは急を要する課題である。しばしば教育運動家から、日本が在日韓国・朝鮮人の教育をもっと真剣に考えていたなら、現在のニューカマーの子どもたちをここまで追い込むことはなかったろうといわれる。ニューカマーの多くの不就学や民族学校への一部の逃避や隔離は、日本の教育界がオールドカマー問題を真剣に考えてこなかったツケである。

体験入学とは

そんなおり、教育委員会や学校側が生徒を選別し、日本的学校文化になじめないような生徒の入学を拒否していた現実が明らかになり、関係者に波紋を投げかけたことがある。それはある自治体が、外国人児童・生徒に行なっていた体験入学制度である。小学生はオプショナルであるが、中学生は義務であり、一週間から四週間、おはしとスプーンのみを持参させ、教科書は学校が貸与し、その間日本の学校の現実を体験させようとしたものである。

体験入学の趣旨は、日本の学校の現実を知った上で入学の判断材料にしてもらおうとのことなのだろうが、教育委員会の「体験入学における遵守事項」などをみると「学習意欲がないと認められたときには、体験入学を取り消すことがあります」とあったり、体験入学の期間中、教員が生徒の評判を近所で聞いたりもしているから、単なる当人への判断材料の提供だけではなく、学校側による好ましい子の選別期間にもなっていたと思われる。

この体験入学には、いくつかの注意事項が述べられてあるが、これは当の自治体や学校だけの問題ではなく、多くの日本の教育界の本音を表している。例えば、外国籍児童・生徒には、日本の学校の就学の義務はないことがまっさきに強調されており、文化の異なる子にはできれば来て欲しくないという本音が浮かび上がる。

さらに、体験入学に「合格」し受け入れが決まっても、「日本の小・中学校に就学するときのきまりごと」への同意が求められ、誓約書をとられている。「きまりごと」には、パーマはかけないこと、ピアスやネックレスなどのアクセサリーも禁止されていること、中学生には、制服があるのでそれを着用することなどが定められている。

誓約書には、授業中席を離れたり、他の教室などに勝手に出入りしないで授業に集中すること、授業をはじめとするさまざまな活動に取り組み、担当教員の指示をしっかり聞くこと、窓からものを投げたり、つばを吐いたり、人が不愉快になることをしないこと、窓越しに大声を出したり、話したり迷惑のかかることをしないこと、無断で欠席・遅刻・早退をしないこと、学習に不必要な菓子類を含む不要物も持参しないことが含まれており、これらの約束が守れない場合は、学校は受け入れることができないとされている。

ここでいわれていることを日本の児童や生徒も守っているなら、学級崩壊などはおこらないだろう。日本の児童・生徒すら守られないことを外国人児童・生徒のみに課し、入学の条件にするのは、できれば来て欲しくないという意識の表れである。これは特定の自治体に限ったことではなく、むしろ多くの日本の教育界の意識を代弁していると思われる。

対人と大声で話すとか、使用済みのものをその場に捨てる行為は、ロンドンの地下鉄などでもよくみかける行為だが、これは各国の文化にもかかわることである。日本は、駅も道路もごみはなく、犬の糞は飼い主がそのつど処理していく、世界でもまれにみる衛生管理の行き届いた国であるが、どの国の人もそうだとは限らない。むしろ学校には、異なった文化背景の子どもも受け入れる寛容さが求められる。それを一片の誓約書で日本の規則を強制するのは、同化の押しつけであり、多文化共生にはならないだろう。

日本で比較的外国人の生徒の受け入れが進んでいる自治体でも、外国人児童・生徒を受け入れるにあたってピアス等の装飾品を認めないことはもとより、欠席の際の連絡を確約させたり、授業中の学習態度は日本式に従うことなどを事前に課している。無断欠席が続くような場合には、学校を辞めてもらうことも確認している。全体の雰囲気が外国人にとってかなり禁止的・抑圧的である。外国人児童・生徒にとって日本の学校文化は、かなりプレッシャーになっているのではなかろうか。

日本の学校によくみられるこうした対応は、外国人児童・生徒を受け入れるというよりは、排除したい気持ちがありありで、これでは早晩、文化の異なる生徒が窒息状況に追い込まれるのは、明らかである。ここで要求されていることは、日本的学校文化を受け入れる準備があるかないかであり、文化の異なる生徒への思いやりはあまりみられない。これでは日系南米人が、ドロップアウトするというより、登校しづらい状態へと追い込まれているというのが真実ではないだろうか。

望まれる異なる文化への配慮

日系の男子生徒はそうではないものの、女子生徒は一般におしゃれである。中学生ともなると化粧をする。ピアスや香水、口紅は普通である。しかもピアスなどは、女子生徒だけではなく、男子生徒もよくする。就学するときのきまりごとや誓約書には、こうした異なる文化への理解・配慮があまりみられない。

イギリスのインド亜大陸系の多い学校では、女子生徒がカラやタウィッツ（輪廻を表す腕輪やペンダントに相当するが、いずれも保身の意味をもつ）を身につけることを望むが、マイノリティの多い地方教育当局では、これを装飾品とはみないで宗教的なシンボルとみて装身することを認めている。

こうした例はイギリスには多く、シク教徒の生徒が制帽の代わりにターバンで登校することも、また女子生徒が膝の出る制服のスカートを拒否しバギーと呼ばれる長めのズボンで登校することも多文化への配慮として認められている。大人なら、バイクに乗るのにターバンを着用していれば、ヘルメットもその代わりとして免除されている。

日本では、現在ＩＴ産業充実のため、「先進国」インドから技術者を呼びたい意向のようである。序章でもＩＴ基本法により、ＩＴ技術者の入国が緩和されたことは言及したが、これらの処置に先立ちインドＩＴ省の認定する資格の上位Ａ～Ｃレベルに関しては一足先に入国・在留を許可している（『国際人流』、第一七七号）。しかしこの場合、同伴する子どもたちが、ターバンやタウィッツ、カラ等の宗教的なシンボルを身につけて登校することは視野に入っているだろうか。

幸か不幸か、ＩＴ関係で来日中のインド系の多くの子どもたちは、現時点では日本の公立校ではなく、インターナショナル・スクールや民族学校に通っている。これはかれ／彼女らの経済力をも示していよう。そのため、インド系の子どもたちの食事への細かな規則や宗教色豊かな服装は、地域社会レベルではまだ可視化されにくい。しかし、すでに東京の一画には、シク教のグルドゥワーラー（神殿）が設けられ、定期的な祈りや儀式も行なわれている（『東京新聞』二〇〇六年、四月二九日）。シク教徒には五つの戒律があり、その一つに親からさずかった髪の毛にやたらにハサミを入れないきまりがあり、ターバンはその髪の毛を束ねる象徴でもある。コミュニティが大きくなれば、その子どもたちが地域の学校に通うこともおきる。

ＩＴ技術者のインド系の多くは、日本には見向きもせず、アメリカやドイツを選択しているが、欲しいのは労働力だけで家族結合にともなう教育や文化のことが考慮されていないとすれば、日本は他国の経験からあまり学んでいないことになる。日系南米人の存在は、こうした文化の異なる人々の受け入れには何が必要かを学ぶいい機会のはずである。

日系南米人を担当したことのある教員によると、雨が降ったから来ないとか、母親が弁当を作らなかったので来ない、寝坊したから来ない、自転車が使えないので来ないなど単純な理由で学校を休むことが指摘されている。何事にも出すぎず、控えめで言われたことを忠実に実践するアジアの一部に顕著な行動様式を、どの国の生徒も遵守するわけではないのだ。

外国人にわかりにくい部活

こうした日本的な学校文化との関連で見逃せないのは、部活動の問題である。日本の学校は、教育や指導の範囲が広い。単なる教科科目の学習だけではなく、調和あるパーソナリティ形成が目指されており、教科以外の活動も特別活動として教育課程のなかに含まれている。こうしたものには儀式的なもの、学芸的なもの、健康や体育的なもの、旅行や集団宿泊に関するもの、ボランティア的なものがあり、運動会や就学旅行、給食当番等も、すべて教育や指導の一環として行なわれている。集団の一員として社会性ある行動ができるか、集団のなかで自己の役割取得ができるか否かが試されており、部活もまたこうした教育指導の重要な一部である。

以前は、部活に似たものに、クラブ活動と呼ばれる一週一時間相当の授業があった。これは、一九六八年から七〇年にかけて、小・中・高の学習指導要領により順次必修化したもので、授業の一環ゆえにすべての生徒が何らかのクラブに所属することが義務づけられていた。しかし、一九九八年、九九年にかけて、中・高の学習指導要領が改正され、現在これは廃止された。これに対して、授業の一環ではなく放課後に行なわれる活動が、部活と呼ばれるものであり、これは中学校などでは自主的活動として重視されているものである。

日本の学校でクラブ活動を重視する背後には、放課後自由時間がありすぎると、非行に走るのではとの懸念もあるようだが、それだけに生徒は、何らかのサークルに所属することが期待され、これは中学時代の調査書（内申書）の重要な評価の対象になる。外国人の生徒もサークルに入ることが期待されるが、運動部などは練習がかなりきつく、さらに部内の人間関係も先輩・後輩関係がやかましく、すぐれて日本的である。

起立・気を付けに始まり、チームワークという名の一糸乱れぬ統率は、なにやら軍事訓練を思わせるものである。体育部にみられる根性重視の訓練方法も、よほど日本文化に慣れていないと理解することはできないだろう。部活は、日本人としての魂や行動様式を植え付ける、ヒドゥン・カリキュラム（正規カリキュラム以外のときや場で身につける思想や行動）の見本のような領域なのである。

ブラジルに帰国した生徒に面接しているおり、かれが所属した日本の学校では、暑いときでもボタンのはずせる数が学年によって決められていたという。三年生は、全部はずせるが、二年生は二個まで、一年は一個だったという。練習のときも下級生がグラウンドの整理、練習後のあと片づけと決まっており、同じ部員なのにどうして、と感じたという。教員や両親に敬意を表するのは当然としても、わずか一、二歳の差でこれだけの違いが生じるのはなぜかと聞かれ、筆者自身も戸惑った。

個人が一人の人間として尊重されるのではなく、先輩・後輩という上下関係に組み込まれ、先輩の存在がときには教員以上に「エライ存在」となると、そうした人間関係や従属関係に嫌気をさして、学校どころか日本社会そのものにも背を向ける子もいる。なかには、上級生の「指導」や「しごき」をいじめと思って、親が校長先生に直接抗議することも珍しくない。部活は、外国人児童・生徒にとって必ずしも楽しいものではない。

またそれと並んで、学内行事にも参加したがらない生徒も多い。これは、送り出し国との文化の違いにもよるが、こうした活動のとき、えてしていじめがおきることも関係している。例えば劇などでどうしてもいやな役は、外国人児童・生徒に押しつけるのである。日本人のやりたくない役は、外国人児童・生徒もいやなのである。はじめは意味がわからず従っていた子も、その意味を知って不登校になることも多く、教員には目の離せないことが多い。

「取り出し」を望まない生徒

多くの外国人児童・生徒のいる学校で試みられているものに、取り出しといわれる授業がある。

取り出しの多い科目は、国語、社会、数学、理科などであるが、東南アジアの子は、英語も難しいところから取り出しの対象になる。

取り出しの対象科目は、文化にからめて理解の必要とされる科目と考えがちだが、現実にはそうとばかり限らない。国語や社会に取り出しが集中するのは、これらの科目が週三時間（以前は五時間）と他の科目より多く、取り出し易いのだ。技術・家庭、美術などは、週一時間しかないから取り出すと一回も受講しないことになり、それで成績評価をするのは不可能なので、避けるのである。

ということは、必ずしも生徒の苦手な科目を取り出しているのではなく、習う頻度も関係している。このところの授業時間数の改革で、多くの学校で時間割のやりくりが難しくなっており、従来の三学期制ではなく、前期・後期制をとる学校が増えている。それでないと授業時間数がこなせないのだ。特に二〇〇二年の、学習内容の三割減による「ゆとり教育」に基づく学習指導要領の改訂により、国際教室を兼任で担当する場合、この教室の空き時間の確保が難しくなってきている。

日本では、国際理解教室などのある学校は、外国人児童・生徒の指導には取り出しで対応しているが、生徒の方はといえば、必ずしも取り出しを望んではいない。

イギリスでも以前は、移民労働者の児童・生徒は取り出ししていたが、一九七六年の人種関係法以来、マジョリティの子どもと異なる待遇はそのこと自体、差別とされ、現在取り出しは最小限にとどめられている。その理由は、教員に習う言語は、自然な言語と異なり、生徒どうしでは必ずしも使わない表現が多いこと、取り出されるたびに生徒は自分が教室ではお荷物であり、「お客さん」

なのだと知らされ、生徒の自尊心からいってもよくないこと、取り出されている間、当の科目をスキップするため習わない科目や範囲も多くなること、隔離化が継続することによって生徒どうしの交流の妨げにもなるなどのためである。

そこでイギリスでは、来たばかりの子どもの取り出しは、ごく短期間や放課後にとどめ、あとは複数の教員によるチーム・ティーチングで対応している。すなわち来英したばかりの子どもへの対応も、基本はメインストリームの授業が主である。

子どもとは、友だちとともに学び、いつも行動をともにしたいものである。条件の異なる日本を、イギリスを手本にと主張するつもりはないが、日本の各地の国際理解教室に来ている生徒に聞いてみると、かれ／彼女らも結構取り出しを嫌っている場合が多い。イギリスで取り出しの弊害が問題化したのは、戦後の移民労働者の子どもたちが入国してきて二五年経ってからである。日本でもニューカマーの子どもたちが学校教育の場に登場してほぼ二〇年が過ぎている。そろそろ日本でも取り出しの功罪を冷静に議論すべき時期を迎えているのではないだろうか。

南米滞在中、インタビューに応じてくれた児童・生徒のなかには、日本の学校体験を積極的に評価する子もいた。七年、一〇年と日本の学校生活を経験しながら帰国後も現地校で頑張れる生徒は、日本滞在中も頑張れた生徒なのかもしれないし、またこうした生徒を現地の学校を通して知った限界もあるだろう。この反省に関しては、ふれたこともあるので繰り返さないが（「人の移動と文化変容研究センター」『Newsletter』No.6）、これらの生徒に共通していたのは、すべてが、日本の学校に通学中、よき友人関係に恵まれていたことである。帰国後も定期的に連絡をとりあっている者も多く、この時期学校で頑張れるか否かは、友人関係を形成できるか否かによるともいえる。取り出しが、友人関係にどう影響するかも、多角的に検討されるべきだろう。

日伯の学校観の違い

日系人の不就学を問題にしていくと、両国の学校観の違いが深くかかわっている。先進国はどの国も近代化、産業化が進むにつれて、国家を支える人材育成の必要上、子どもの教育・訓練が重要になり、国家が学校を集中管理するようになる。そのため子どもは、ときに地域や家庭からも影の薄い存在となる。大人になったときに必要とされる知識や技能はもとより、産業社会に不可欠な規則正しい生活態度や性格に至るまでコントロールされてくるのだ。イーヴァン・イリイチが、そのような規格化された知識、性格こそは、人間としての自立的な思考を妨げているとして脱学校化社会を説いたのもこのためである。

一方、産業的に途上国としての性格の濃いブラジルでは、子どもの管理は学校に任せるべきではなく、依然として家庭や地域が担うべきだとの観念が強い。日本のように一方的に、学校が子どもを取り上げてよいのかという思いが住民にはある。

この背景には、両国に横たわる治安の差もある。日本は、登校時も下校時も治安が比較的安全なので、学校に任せることができる。しかし、ブラジルは、学校に拘束される時間も短ければ、帰宅後の外出も危険である。どうしても親は、子どもの管理に神経を割かざるを得ない。ブラジルでは、子どもを学校任せにはできないのである。学校は、学力を付与する場でしかなく、子どもの管理は、あくまでも家庭の責任なのである。

さらにブラジルの義務教育は、前述したように小学校、中学校の計八年であるが、高校進学となると二〇%、大学は一〇%である。しかもこれは順調に進学していった者の話で、各学年には落第もあるので、卒業となると高卒一〇%強、大卒はその半分である。日本のように高校進学率九七・六%（通信制課程を含む）、大学進学率五五・九%（短大を含む、高校、大学とも二〇〇五年度）とはかなり異なる。それだけに非識字率も一七%前後と高い。ブラジルで高校や大学に行かないことは、別に不思議ではなく、行く方がマイナーなのである。

また、前述したように大学はもとより、高校や義務教育の小・中学校にも落第があるが、これは個人、すなわち当人の責任とされる。日本では、義務教育に落第はなく、高校でも不登校になったり、落第したりすると親は自分の責任のように悩むが、ブラジルでは落第したからといって親が教育に関心がないと断じるには、あまりに文化が異なる。日系人の不就学には、根本的なところで両国民の学校観の違いがあることは見逃せない。

教員のインタビューをしていると、日系南米人の親の学校への無関心を指摘する声に出会うが、その原因の一端は日本の教育制度にもある。というのも日本では、たとえ中学校に一日たりといかなくとも、生徒が望むなら校長の裁量で修了証明書を授与することができる。学習の不出来が進級や修了に関係なければ、親の学校への関心がしだいに薄れていくのも無理はない。相手は、働くことを最優先に来ているのである。

教育基本法四条（現五条、以下〇六年の改正後の新条文番号には、現をつけた）にいう義務教育は、親の義務ではあっても子どもの義務ではない。子どもにとっては教育を受ける権利のみがあり、権利を放棄したからといって義務教育修了書そのものまで授与されないわけではないという日本の制度は、世界的にみればこの方が少数であろう。日系人は、日本のこの教育制度を自国の厳しい制度と比べて知るようになり、しだいにその「恩恵」に浴そうとする者も現れるようになる。

話はそれるが、日本人の横並び同一主義は、日本の学校教育の世界で日頃から培養されているともいえる。たとえ一日たりとも学校に行かなくとも同一年齢の子は同一年齢の子と同じでなければならないとの信念は、学校を通して養われていく。

いずれにしても外国人児童・生徒の不就学・不登校には、学校観の違いも横たわっている。

Ⅲ章　ニューカマーはオールドカマーの道をたどるのか

温情—同化—国際理解〜多文化との関連で

これまで、ニューカマー、オールドカマーの呼称に関し、特別注意は払わないできた。しかし研究者のなかには、この表現を好まない人がいる。それは、カマーという表現では、当人の意志で来日した事実だけが強調され、強制的に連行された人々の姿が欠落するからである。オールドタイマー、ニュータイマーという呼称は、こうした弊害を避ける一つの方法かもしれないが、あまり定着しているとはいいがたい。そこでここでは、来日した人の意志までは問わずに、第二次世界大戦以前からの居住者と近年来た人との定住歴を区別する目的で、ニューカマー、オールドカマーという表現をそのまま使用することにする。

第二次世界大戦以降、日本の外国人児童・生徒に対する教育界の取り組みを概観するなら次の五つの段階に分けることができる。

第一期は、戦後から六五年の「日韓法的地位協定」までの「温情」の段階である。アメリカの教育社会学者ギブソンは、多文化の進んでいる国でも当初は、「同化」の前段階として外国人への教育を「温情」とみなす段階があるとしているが、この時期はまさにこれに相当する（Gibson. M. A, 1976）。当時外国人の子どもといえば、在日韓国・朝鮮人が代表であり、五二年にかれ／彼女らは、これまでの帝国臣民から一夜にして日本国籍を剥奪された外国人になった。

四七年から四八年にかけてかれ／彼女らは、民族性を取り戻そうとして国語講習所を設けたが、のちに強制的に閉鎖され、その後、日本の学校で学ぶことが強制された時期もあったが、五二年以降は帰国が期待され、日本の学校で学ぶことは「温情」なり「恩恵」とみなされた。

第二期は、六五年の「日韓法的地位協定」以降で、このとき以来、大韓民国と北朝鮮の分断政策がとられ、「在日」の人々に韓国籍への切り替えが勧められつつも、日本の学校に通う子どもには、日本の子どもとは区別しない「同化」の強調された時期である。

第三期は、七一年に大阪の教員を中心に、「日本の学校に在籍する朝鮮人児童・生徒の教育を考える会」が結成されたことに始まる。これまでは、たとえ学級に在日韓国・朝鮮人の子どもがいても、かれ／彼女らの存在を日本の問題として、日本の子どもと一緒に考える教育は行なわれなかったが、「同和問題」同様、日本の問題として考えられ始めたのである。これは、民族教育は日本の学校では不可能なので、朝鮮人同胞の手にゆだねるべきであり、「自分たちにできることは朝鮮人の子どもを民族学校の門まで連れて行くこと」とされていた時期からすれば、大きな転換を物語る。

これは日本でも、先進的な自治体を中心にようやくかれ／彼女らの存在にも目が向けられ始めたことを示している。この時期は、アメリカなどでもアファーマティブ・アクションが脚光を浴びていた頃であり、さらに世界の先住民族についても関心が昂揚し、日本でアイヌの記述が系統的に教科書に登場するようになるのも七〇年代からである（森茂、「学校と日本型多文化教育」）。

しかし、日本で質・量ともに多文化が注目されてくるのは、八〇年代になってからである（第四期）。この時期になると「日本企業の世界化」にともなって、海外と多くの帰国児童・生徒の往来が始まるようになる。そこでユネスコの以前からの運動や世界的な国際化の動きともあいまって、子どもたちの身につけてきた文化を積極的に理解し、日本の教育にも生かそうとする「国際理解教育」がスタートする。この教育それ自体は、第二次世界大戦後、ユネスコの主導で始まったもので、大戦の背後には、相互理解が欠けていたとして「心の中に平和を築く」には、国際理解に関する教育（Education for International Understanding）が必要とされたことに由来する（『国際人流』、第一六六号）。

日本では、社会科などを中心に、自国の文化・伝統を知り、それとの関連で他国を知り、人権の重要性を認識し、国際理解と国際協調をめざす人材育成が目指されている。

国際理解教育から多文化教育へ

しかし、日本の「国際理解教育」は、主に欧米先進国の言語や文化の理解が主であり、さらにいえば、英語や英語圏の文化理解が明らかに主流をなしている。そうなると、むしろその後、続々と非英語圏から外国の子どもたちが日本の学校教育現場に登場するにつれて、「国際理解教育」では対応しきれない現実が生まれてくる。こうして今日では、英語圏の文化はもとより、その他の海外の文化も平等に尊重しようとする「多文化教育」が登場する（第五期）。

例えば、大阪市でもっとも「国際理解教育」の進展しているある小学校では、「国際理解教育の目標」の一つに、「多文化の理解」と「多文化共生」をあげ、世界の相互依存の深まりを小学校段階から理解させようとしているし、神奈川県川崎市でも「川崎市外国人代表者会議」のニュースレターでは、川崎市に在住する外国人を自分たちの地域コミュニティの仲間とみることによって多文化コミュニティの建設をめざすことがうたわれている。

この場合、私見であるが、「多文化教育」と「国際理解教育」とは異なる。「国際理解教育」は、前述したように、ユネスコの支援もあり国が力を入れている。ただ日本のそれは内容的には、世界の先進諸国を中心とした国家の、言語や文化の理解に重点が置かれている。理解の対象となる言語や文化の単位は、国である。例えば東京都でも国際理解教育に力を入れているが、その中身は英語圏の文化の理解であり英語教育の重視である。

一方、「多文化」なる言葉は、最近でこそ「多文化共生」として、外国人の集住する地域を中心に頻出するようになり、〇六年には、ついに総務省でも政策課題として使用するまでになったが、これは外国人との共生がらみでであり、子どもの教育の次元でではない。「多文化（主義）教育」となると、この文言の使用は、かなり限定された自治体レベルにとどまる。それというのも、多文化教育となれば、そこで問題になる言語や文化は、先進諸国のみならず、さらには同一国家のなかにもマイナーな言語や文化が数多く含まれており、その積極的な理解・尊重が重視されるからである。

「多文化教育」でいう言語や文化とは、国家単位ではなく民族なりエスニシティ単位のものであり、同一国内にも多様な言語、文化が存在することを認め、それらを等しく尊重する立場である。これはもっといえば、文化は同じ日本人どうしでも、個人によって、地域によって、育つ環境によって多様であり、異なることを意味する。日本の教育界では従来から社会性や協調性というかたちで均質性が強調され、脱個性化がまかり通ってきただけに、筆者自身は、同一国内はもとより日本人どうしのなかでも、個性や文化は本来、一人ひとり異なることを重視する「多文化教育」の立場を尊重したい。

しかし前述したように、現実に目を向けると、日本の教育界で多文化教育をはっきりと理念にうたっている学校や地域はそれほど多くはない。もともと文部科学省が国際理解教育を取り入れたときも、「国民教育」の原則はそのままにしてであるから、国際理解教育にしてもユネスコが推進しようとしているものとは異なる。そのため、在日韓国・朝鮮人はもとより中国系やニューカマーの間でも、民族学校が重要な役割を果たすことになる。

ブラジル人学校は日本の学校の代替校になりうるか

その場合、歴史や伝統のあるアジア系の学校はともかく、ブラジル人学校では、どのような学校づくりがなされているのだろうか。

ブラジルでは一九九〇年代半ばに教育制度が改革され、これまで州単位に教育委員会で行なわれていた編入試験が学校単位となり、編入はより身近なものとなった。また、ブラジル人の多い日本の一部の都市では、ブラジル政府後援の初等・中等に関する資格認定試験（スプレチーボ）も行なわれるようになっている。教育や資格は、出稼ぎ家族にとっても気になる問題なのである。こうしたこともあり、日本にも以前から多くのブラジル人学校や塾が開設されている。しかし、前述のように授業料がかなり高く、通える生徒はまだいい方で、ほかにも学校として多くの問題を抱えている。

現在国内には、六〇数校のブラジル人学校がある。もっともしっかりした学校は、ブラジル政府の認可を得、海外のブラジル人学校で修得した単位が国内の教育機関と同様に扱われ、帰国したときの編入や高等教育機関への進学に便利にできている。

しかし、このようなブラジル人学校はほんの数校で、多くは日本の学校になじめなかった児童・生徒の受け皿になっているに過ぎない。いうならば、非行化防止のため行き場を失った生徒のたまり場的なもので、学習塾を兼ねているものが多い。高等部を兼ね備えている学校もあるが、この動向に詳しいイシカワ・エウニセ・アケミ氏によると、高等部への在籍者は五%足らずという。教員資格を所有している者も少なく、給料も安定していないことから教員の出入りも激しい。なかには、教育機関というよりも学校を経営の対象としているものも少なくなく、以前は授業料の集まったところで経営者が雲隠れする例すらあった。

しかもブラジル人学校は、ブラジルへの帰国を前提にしているため、日本社会や日本語教育はあまり重視していない。そのためかれ／彼女らの滞在が長期化し、ブラジル人学校を卒業しても日本の高等学校には進学できず、働く道を選んでいる。帰国を前提にしたブラジル人学校を修了しても、現実には帰国せず、滞在長期化の割には日本語も話せない、いうならば中途半端な若者を大量に生み出す結果になっている。帰国しない児童・生徒にとっては、せっかく高額の学費を払いながらも何のメリットもない。

しかも日本の学校教育法では、各種学校として認められるには、学校経営者が土地や施設の所有者でなければならない。しかしブラジル人学校の多くは、これらの施設を借りている場合がほとんどで、現在のままでは各種学校にもなれない（Ⅴ章も参照のこと）。そのため公的資金の支援を受けることもできず、生徒の通学に対し学割も付与されない。その結果、独自のスクールバスで送迎される生徒は、日本の学校に通う生徒と交わるチャンスもなく、ただ居住空間が日本というだけで隔離化も進行している。

もともとブラジル人学校は、保育園活動の延長から始まった。日系南米人は、夫婦共稼ぎが多い。そのため幼児をあずける必要がある。ところが、就学期を迎えた児童・生徒も学校に行けない現実に直面し、かれ／彼女らも保育園経営の延長上であずかることになったのである。創設の経過からみても、一時的に滞在する子どもの仮あずかり所としての性格が強い。それだけに、学校経営のノウハウに欠けるところがあるのは否めず、加えて滞在長期化によりさまざまな問題が浮かび上がってきている。

より深刻なペルー人

かくも滞在が長期化するのであれば、就学期の児童・生徒を日本の学校がもっと積極的に受け止めるべきであろう。日系人のなかで祖国に子どもを置いてくる人には、故国でも民族学校の問題や日本の学校のいじめなどが十分に知れ渡っており、やむを得ず子どもと離れ離れになっている例も多い。労働力のみを求め、家族の分断に日本の貧弱な教育施策が加担している例である。

子どもの成長期に家族が一緒に生活する権利は、基本的人権にも相当するが、それには、日本の学校も多文化へ十分配慮する必要がある。家族の分断はもとより、一部のあいまいなブラジル人学校を生み出した一半の責任は、異文化の存在を認めない日本の教育界にもある。この場合、多くの学校を訪ねて感じるのは、学校を変えるには当該自治体の教育委員会を変えねばならず、教育委員会を変えるには、文部科学省を、国を変えねばならない。

国に改革を迫ることは、結局は政治を、つまりは政治家を選ぶ国民の異文化理解の問題でもある。外国人児童・生徒がますます増加している折、国の、国民の、言葉の真の意味での国際化に向けた教育理念、異文化理解、異文化リテラシーが問われている。現に存在している外国人の教育も尊重しないでは、国際化も言葉だけのものにしか過ぎなくなる。

しかも、日系人といってもかれ／彼女らのなかには、ペルー人もいる。ペルーの義務教育は初等教育六年間、中等教育五年間の一一年間である。小学校への入学年齢が六歳であり、学期も四月入学で日本と共通性も多いが、二部制や学校によっては夜間を含む三部制であったり、落第やそれがもとで中途退学をする者も多く、それだけに学校教育に関してはブラジル人よりも関心が薄いといわれる。滞日者数においてブラジル人が圧倒的に多いため、ペルー人の不就学はあまり問題にならないが、かれ／彼女らもまったく同じ問題を抱えており、しかもペルー人には、独自の学校が少ない分それだけ問題が水面下に潜み、より深刻ともいえる。

日系ペルー人の動向に詳しい山脇千賀子氏によると、たしかにペルー人には、スペイン語の国際性を活かした通信教育制度がある。しかし、これで資格を身につけたり、学力を養成するとなると一人では不可能で、親の協力を必要とする。出稼ぎに来ているペルー人に、日中、子どもの勉強をみてやるだけのゆとりのある人となるとかなり限定され、日本のペルー人のなかで通信教育を積極的に活用している者は少ないといわれる。しかも通信教育は、日本の学校にいながらにして活用できる反面、通信教育だけの生徒は、日本の同世代の者や学校との接点が切れてしまうことも無視できない。

日本初のペルー人学校

こうした親の要望にこたえて日本にはじめてできたのが、伊勢崎市のペルー人学校である。伊勢崎市の人口は、二〇〇五年一月一日、佐波郡赤堀町・東村・境町と合併したこともあり、従来の一三万人台からいっきに二〇万人台になり、〇六年一月一日現在、二〇万九〇六九人（一三万四〇二六人）である（カッコ内の数字は合併直前のもの）。うち外国人登録者が、一万二二二四人（九〇五〇人）と人口の五・八％（六・七％）を占め一〇年前のほぼ三倍である。外国人で多いのは、ブラジル、ペルー、フィリピン、ベトナム、中国、バングラデシュ、パキスタン、韓国及び朝鮮、タイの順であり、その数は世界の六三カ国（五五カ国）に及んでいる。合併以前の一三万人台の時点ではもとより、合併以降でも二〇万人規模の都市で、これほどニューカマーの人々が多く、しかもベトナムやバングラデシュ、パキスタン人が多いのも珍しいのではないだろうか。

伊勢崎市の特徴は、義務教育段階でペルー人が多いことである。二〇〇五年一月末時点でのブラジル人の登録者は五〇二四人（三二四六人）であり、ペルー人は二六五九人（一九八三人）であるが、これが学校の外国人児童・生徒となると逆転して、スペイン語を母語とする者が三三一人（二四二人）、ポルトガル語が二九一人（一九三人）である。すでにここに、ブラジル人児童・生徒はどこに行っているのかという本書の課題も生じるが、一部は、近辺のブラジル人学校に行っていると思われる。しかしペルー人には、独自の学校がなかったのである。

そこで、こうしたペルー人の多い市の特徴に応える形で、二〇〇〇年一〇月にペルー人学校が開設した。現在生徒は七〇人おり、教員は七人、一歳から一六歳までの面倒をみている。費用は、ひと月あたり一～二歳が四万円、三～一六歳が二万五〇〇〇円である。一～二歳が高いのは、七時半から四時ないしは六時まで面倒をみてくれるからである。現在中学生は四人しかいなく、小学生が多い。校長先生の話によれば、少しずつ生徒が増えており、もう少し大きくなれば他に移転の予定であるが、ペルー人学校もブラジル人学校同様の問題をかかえていることはいうまでもない。

現在、規模の大小を問わなければ、ペルー人学校も増えつつある。民間保育園の延長で学齢児童・生徒も扱っている所を含めれば、一〇校近くに及ぶかもしれない。そうしたなかからニューカマーの学校としては日本初の、県の各種学校に指定された学校が、ペルー人学校から現れた。浜松市のM学校である。

この学校の創設は、二〇〇三年であり、生徒数も二〇〇四年一一月段階で三〇人台とニューカマーの学校でも小さな方だが、静岡県独自の各種学校の規定をクリアし、〇五年より県の各種学校の第一号になった。申請の時点で経営が安定していたこと、校長が日本人、理事長がペルー人と両国の教育事情に詳しい人によって運営されていること、また申請の前年よりNPOに指定され、営利団体ではなく公益団体として認可されていたことも認定には有利に働いたようである。

支給される予算は、各種学校として認可されても一五〇万円弱とやや期待はずれであったが、それでも日秘両国から各種学校なり学校として認可された意味は大きい。認可をきっかけに周辺企業の支援も得られると、授業料も抑えられ生徒も急増中である。〇六年には、生徒数も一〇〇名を突破し、国籍もペルーだけではなくブラジル、アルゼンチン、日本等多国籍化しつつある。生徒も学割により通学に必ずしもスクールバスに依存しなくてもすむようになった。スクールバスは、一人ひとりの生徒の居住地、路地裏を回るので、結果として相当の時間がかかる。今後は、近くの公立小学校に通う外国人の児童に母語教育の支援にも乗り出す予定という。

静岡県には、この学校以外にも複数の県にまたがる大きなニューカマーの学校があるが、今回の自治体による独自の各種学校の制度化からみえてきたのは、その他の県も同じ制度を導入しないと、同一系列の民族学校にとってはその効果も半減することである。複数の関係校をもつ場合、条件の悪い他県にならわざるを得ないことも起きるからである。

現在、県独自での各種学校への取り組みは、長野県と静岡県の二県のみであるが、その他の外国人集住都市を擁する自治体でも、ニューカマーの家庭の教育費負担の軽減と学校の教育施設充実のために、同様の試みが望まれている。

祖国の道徳への愛着?

このように、学ぶ施設がいまだに十分ではないにもかかわらず、日系南米人が、子どもたちを民族学校に通学させるのはなぜだろうか。在日韓国・朝鮮人が、民族学校に子どもをやる理由の一つに、民族文化を身につけさせることがある。日本の文化や道徳をよしとはしないで、祖国の道徳を身につけさせることを望んでである。これは高学年にもみられることである。

例えば、小平にある朝鮮大学校は全寮制である。平日の門限は七時であり、延長願いを申請して正当な理由があれば延長は可能である。日本の学生のように酒を飲んで遅くなるようなことは慎むよう教えられている。女子学生は禁煙である。また親を敬うこと、校内はきれいにすることが教えられる。大学には、日本の高校を出た在日の人も入学してくるが、このような道徳教育に接して驚く人も多い。朝鮮文化は、アメリカなどとは異なり孝の観念や礼儀を重んじるが、親は祖国のこのような道徳や文化を失わないよう、子どもをよこすのである。

イギリスでもインド亜大陸出身者が子どもを民族学校に通学させるのは、イギリスの文化・道徳ではなく祖国インド亜大陸のそれを身につけさせたいからであるが、在日韓国・朝鮮人の場合にも一部にその傾向がみられる。日本の学校は、祖国の道徳を学ばせるにはふさわしくないと考えるからである。

しかし、日系南米人の場合、本国の文化を保持するために民族学校にやる人はほとんどいない。民族学校は授業料が高いので、子どもが日本の学校になじんでくれれば、滞在が長期化していることからもその方がいいのである。にもかかわらず日本の学校を避けるのは、母語教育がほとんどなされていないこと、いじめや管理の厳しさから、子どもの学校嫌いを避ける意味の方が大きい。異質な文化を背負った児童・生徒に対して、日本の学校は、依然として対応しきれていないのである。

長期滞在を想定しなかった政府

日系南米人の不就学問題を追究していくと、かれ／彼女らを労働者として合法化しておきながら、そのほかの社会的分野で積極的な支援のなされていないことが気にかかる。中国帰国生には、東京都などをはじめ高校入学には特別枠があり、インドシナ難民には、国がらみで定住センターでの四カ月の日本語教育や社会生活適応指導、場合によっては就職斡旋等の支援が行なわれる。ところが日系南米人には、同じニューカマーでも中国帰国者やインドシナ難民並みの支援は一切ない。かれ／彼女らはこの二つのグループにうずもれた存在といえる。

いま、かれ／彼女らの入国の経緯を振り返ってみると、通常、日本への入国に際しては、最初に在留資格が問われ、資格内での就労が認められることによって入国が許可される。これはいわゆる、入国管理法制上の「別表第一」に該当するものである。ところが日系南米人は、入国管理法制上「別表第二」、すなわち「身分又は地位に基づく在留資格」に分類され、これには活動制限がない。日系人は、入国後の仕事が問われるのではなく、いきなり血統に基づく地位や身分に基づいて入国している。

これは、「準日本人」として入国が容認されているようなものである。それだけに、外国人扱いされない分、管理から自由ではあるが、外国人としての保護下の範囲外にはじめから置かれた存在ともいえる。この入国管理に伴う法的地位の特徴が、滞在長期化することにより、多くの問題が噴出する際の根底にある。

九〇年の入管法の改正によって日系南米人に門戸を開いたとき、国は定住を想定してはいなかったと思われる。かれ／彼女らの入国は、八〇年代半ばから始まったが、初期の頃は二重国籍者も多く、また祖父母や両親の親族訪問や観光の短期滞在で来日しても、その後は観光ビザを「日本人の配偶者等」の在留資格に切り替えたので、そのまま定住化が進むとは思わなかったのである。四世に就労資格を付与しなかったのも、そこまで長期にわたるとは考えなかったというのが本音であろう。

いま、入管法が改正されて四～五年たった一九九五年の日系ブラジル人の入国数と滞在資格をみると、総数五万七〇二〇人中、観光や親族訪問等の短期滞在資格で来ている者が四万一六〇一人と七三％を占めている。最初から配偶者等の在留資格で来ている者は、九一九五人と、二〇％を切っている（畑野他編『外国人の法的地位』）。しかし、最新の二〇〇六年発行二〇〇五年末の在留資格別統計では、ブラジル人三〇万二〇八〇人中、観光や親族訪問等の短期滞在資格で来ている者は八七二人のみで、圧倒的多数が、定住者（一五万三一八五人）、日本人の配偶者（七万八八五一人）、永住者（六万三六四三人）等であり、完全に滞在理由が変化している。特に永住者は、過去六年間でみても二〇〇〇年の九〇六二人から〇一年の二万人台、〇三年の四万人台、そして〇五年末の六万人台と激増している。こうした流れを、入管法改正時点で国は予測できなかったのである。

梶田孝道氏は、入国管理行政に直接携わる官僚へのインタビューを通して、本書Ⅴ章でも扱うように、当時は六五年の日韓条約締結をふまえ、在日韓国・朝鮮人の永住資格が検討されており、日本に特別の事情で生活している外国人との関連で海外在住の日系南米人の滞在資格も問題化し、前者の特別永住資格と後者の定住資格がセットで考えられた可能性が高いと述べている（梶田他編『顔の見えない定住化』）。大いにありうることだと思われる。

日系南米人の場合、各世代ごとの非日本人との結婚の割合は、一世が一〇％、二世二〇％、三世三〇％、四世で五〇％と半分を超える（法政大学比較経済研究所、ICES、No.62）といわれるが、実際には各世代とも非日系人との結婚比率はもっと高い。ブラジル滞在中訪れたサンパウロの人文科学研究所が、一九八七〜八八年度に実施した調査によれば、二世こそ一〇％をまだきっているが、三世になると四割を超え、四世では六割に達している（梶田他編『顔の見えない定住化』、サンパウロ人文科学研究所『ブラジルに於ける日系人口調査報告書』）。にもかかわらず三世までなら日本人どうしが多いと判断し、祖国訪問のビザで十分と判断したのである。

たしかに日系南米人のなかにも初期の頃は、祖国訪問の方が来日しやすかった事情もある。かれ／彼女らは当初、ほかの日系人に知られないように出国したという。それは、成功していない現実を知られたくなかったからである。

いずれにしても定住がかくも長期化し、日本の学校にインパクトを与える存在とはみなしていなかったのである。現在も国は、不況期に入り模様眺めの状態にあると思われる。しかしこれまでの経験の教えるところでは、日系人のつく仕事と日本人のつく仕事が異なること、さらに不況になっていっそうフレキシブルな――見方を変えると都合のよい――労働者にみられている向きもあり、帰国しない人も多い。いまからでも現実を踏まえた対応が求められる。

その場合、ならば四世の合法化を、とはいかないところに流れの速さと現実の複雑さがある。日本を取り巻く内外の動きは、血統上特定の関係にある人の就労などで解決できる問題でも情勢でもなくなっている。四世を従来の血統原理で認めても、ならば五世はという問題が直ぐおきる。問われているのは、予想される労働力不足に、分野別にいかなる中・長期政策で望むのかということであり、さらにより重要なのは、今後の日本の開かれた国づくりをどう進めていくかである。この問題と絡めて四世以降にもきちんと対応すべきである。

体系性欠く入管行政

日本が、一九七八年からインドシナ難民を受け入れ始めたとき、きちんと対応していれば、今日、日系南米人の直面しているかなりの問題はクリアできたであろう。インドシナ難民（難民の受け入れはこの時点では総務庁だった）の受け入れは、留学生や就学生の受け入れとは異なり、定住を目的に、第二言語としての日本語の習得をはかりながら社会的適応を促進するという、日本の外国人政策にとっては画期となるはずのできごとだった。

これまで日本の外国人は、在日韓国・朝鮮人が最大で、かれ／彼女らは、以前は帝国臣民だったという世界でも珍しい「外国人」である。通常、外国人といわれる人々は、祖国からパスポートで「入国」する人を指すのに、かれ／彼女らはもとは「日本人」であったゆえに、そうした手続きなしに生活している「外国人」である。それだけに日本語に習熟し、日本文化への理解もある。いや三世、四世ともなると母語や母国を知らない存在でありながら「外国人」とされている人々である。

それに引き換えインドシナ難民は、はじめから日本語も日本文化にもなじみのない異文化的な存在だった。しかし、在日韓国・朝鮮人に比べわずか一万人と少なかったことが、本格的な対応を妨げた。教育界を中心に、その同化主義的な受け入れは変化しなかったのである。

しかし、外国人に対する真摯な対応をいうのなら、インドシナ難民以上に、オールドカマーに対してきちんと対応していれば、いまおきている不就学等の悲劇はもっと避けることができたであろう。在日韓国・朝鮮人の文化といえども、日本文化とは大いに異なる。帰国の可能性がないにもかかわらず、親が子どもを民族学校にやるのは、親の言語や文化を習得して欲しいがためにほかならない。しかし日本の教育界は、メインストリームでは一切の民族言語・文化の教授は認めないか、さもなければ、民族学校を隔離化し封じ込めてしまった。異文化の存在を認め、交流しつつ統合するチャンスは生かされなかったのである。

そしてここまでくれば、ことは学校の次元でのみ解決できる問題ではなく、国の家族再結合に関する施策まで視野にいれた外国人労働力の問題であり、入国管理の問題である。外国人児童・生徒の問題を通して国の政策が問われている。ところが難民や日系南米人の問題も解決しないうちに、いままた新たな問題が生じつつある。それは、日本近隣諸国から来る留学生がらみの問題である。

このところ中国人の帰化が進んでいる。一九九八年に永住者の資格が緩和され、以前の帰化率ほどではなくなったが、これは、日本に留学しそのまま日本企業に勤め、日本社会へのアイデンティティが深まったこととさまざまな外国人としての制約回避のためからである。中国は一人っ子政策が続いている。それだけにかれ／彼女らの父母が動けなくなったとき、祖国から呼び寄せもおきるだろう。現にそうしたケースがおきつつある。

中国の一人っ子政策が本格的に導入されたのは、七〇年代後半であり、子どもでいえば、ちょうど現在の大卒なり大学院卒の年齢に相当する。親世代は現在五〇～六〇代と高齢化世代にはまだ達していない。しかし老親の扶養は、いずれ大きな社会問題となるだろう。ところがかれ／彼女らの帰化は認めても、老人の呼び寄せは認めない方針だという。

中国では、日本以上に子どもが老人の世話をすべきとの観念が強い。親の恩を忘れるような子にはなるなと教育されている。これは、中国の文化に関わる問題でもある。その子どもの帰化は認めても、老人の定住、扶養は認めないとなると、ここでも日本が欲しいのは労働力のみとみられるだろう。このような齟齬が生じる原因の一つは、国籍取得は、同じ法務省でも民事局なのに対して、親の呼び寄せは入国管理局という具合に、別々になされているからである。一個の人間としての全存在に即した体系的な入国管理行政がなされていない例である。

そこで経団連は、二〇〇四年四月の『外国人受け入れ問題に関する提言』で、ますます増大する外国人受け入れ施策を一元的に管轄するために「外国人庁」なり「多文化共生庁」創設の是非をも含めた本格的な検討を提言している。これまでの縦割り行政では、今後の人の流れを系統的に統合することは不可能とみているのである。

戦後の日本で外国人の管理が始まったのは、一九四七年、最後の勅令として出された外国人登録令である。しばしば言及されるように、この最後の勅令により、これまで日本国民とされていた朝鮮人が、突然、外国人として登録が義務づけられることになった。以後、今日に至るまで、この外国人登録令の延長上で近年のニューカマーの管理も行なわれている。外国人といえば、朝鮮人を指す時代の登録令やその後の五二年の外国人登録法が、根本的に見直されることなく、今日の外国人の多様化、流動化の時代にもつぎはぎだらけで延長されているのである。

今日のように外国人が多くなると、交通事故にも外国人がらみのものが増えてくる。住民基本台帳は、原則公開であり、氏名、性別、生年月日、住所が公開される。近年これを悪用する例も多く、犯罪や戸別訪問等に利用されることから公開を制限する自治体も現れ、総務省の私的懇談会では、閲覧の主体を国や自治体他公益性の高い対象に制限することを決定している(『日本経済新聞』、二〇〇五年九月二二日)。

一方、外国人登録原票は原則非公開であり、この背後には戦争直後の外国人像を想起させる。もちろん、外国人の人権に配慮したものであれば問題ないが、近年は外国人が多様化しており、往年の外国人登録法がそのままにされることにより、例えば交通事故の解決にも外国人登録開示の認められている弁護士に依頼しなければならないときもある。弁護士に依頼するということは、係争事件にしなければならないことを意味し、住民登録と外国人登録の取り扱いの差もさることながら、つぎはぎだらけの外国人登録法の点検が求められている。

こうしたことは他にもあり、周知のように三カ月以上滞在する人には、外国人登録が課される。この登録書が、CERTIFICATE OF ALIEN REGISTRATION と現在のように名づけられたのは、一九五二年四月二八日施行の外国人登録法施行規則（外務省令第一一号）以降である。しかし、外国人をエイリアンとみることは、前述した戦後間もなく施行された一九四七年五月二日施行の外国人登録令施行規則内務省令第二八号第六条に定められた別記第二号様式にさかのぼり、このときは、CERTIFICATE FOR REGISTRATION OF ALIEN と記述されている。

いうまでもなく、その時点での日本の外国人の圧倒的多数は朝鮮人であり、それは昨日まで「日本国民」であった。そのかれ／彼女らを、突如エイリアンよばわりすること自体、国家の冷酷性を感じるが、それ以上に驚くことは、今日のような外国人の多様な時代にも依然として、この時代の表現を変えていないことである。

入国管理に関わる部局や施策は、その国の外国人観をもっとも公的な形で表現すると解されるが、そうなるとこの英文表記は、日本人の古くからの外国人観を端的に表している。エイリアンとは、「異邦人」のことであり、場合によっては、地球人以外の「異星人」を表すことも多い。日本人にとって外国人は、遠い「異星人」のような存在なのだ。少なくとも地域を構成する「住民」ではなく、異国の「客人」扱いである。これは、日本人の深層に潜む外国人観を物語っているかもしれない。朝鮮人の多かった戦後どころか、江戸期、明治期の外国人観が、いまなお身分証明書のような公的なものに反映しているのである。少なくとも人間を表すフォーリナーくらいに改めて欲しいとは、筆者の日系友人のアイロニカルな感想である。

日本は同質幻想の強い国である。九〇年に入管法を改正し、日系南米人のみに単純労働を開放したのも、血が同じならば文化も個性も、果ては外観も同じだろうと考えたのである。二世・三世は文化的に異質なこと、日系南米人の配偶者が現地の人の場合には、一世ですら完全な外国人、すなわち異質な文化のもち主であることを見逃していたのである。

結局、九〇年の入管法は、この日本人としての同質性を維持するために、その手段を地球の反対側の同じ血をひく日系南米人に託したのである。なんとしても血の異なる、アジアの途上国から人が入るのは防ぎたかったのである。日本の入国管理政策は、在日韓国・朝鮮人の管理から、インドシナ難民の問題へ、さらにアジアの第三世界の人口稠密な国からの移動、特に中国からの集団密航対策へと血統を守るために移行してきた。そして現在（二〇〇六年五月）は、二〇〇〇年に廃止された指紋押捺が、テロ対策という名のもとに特別永住者や一六歳未満の子ども、外交関係者等を除くすべての外国人に課せられる形で復活している。

いつか来た道を歩んでいるニューカマー

日本の代表的なマイノリティともいえるアイヌや在日韓国・朝鮮人の子どもたちのたどった道が——おそらくこれに琉球人を加えてもよいが——徹底的な隔離にあったことは前述した。明治期、日本にアイヌの学校は、三〇数校創られたが、これらのすべての学校が日本人とは別学だった。しばしばこれらの学校に、日本人の学校と同じ地名がつきながらも「第二〇〇小学校」と呼ばれたのは、同じ地域、同じ場所でも学ぶ校舎や敷地が区別されていたからである（小川『近代アイヌ教育制度史研究』）。マイノリティ児童・生徒の徹底的な隔離政策こそは、日本の教育界が戦後においても踏襲した政策だった。

いま、ニューカマーも同じ道を歩んでいる。全国六〇数校にも及ぶ南米系の隔離化された学校の存在、かれ／彼女らの進学率の低迷化、ドロップアウト、卒業生に関する正確な情報すら欠いている現実は、かつてオールドカマーの民族学校が、帰国を前提に日本の学校と隔離され、やがてはその学校の卒業生の大半が、周辺的労働者として生きざるを得なかったことと似ていないだろうか。隔離化が帰国に伴う自らの意志に始まったとしても、それは日本の学校では母語を教えてもらえないからであり、母文化に配慮してもらえないからである。日本の学校との交流もなく、ただ物理的空間が日本であるだけという現在の状況は、双方にとってマイナスである。

あらためていうまでもなく、現時点での夜間中学三五校中、大阪、兵庫、奈良一府二県にその半数近い一七校も集中しているのは、日本人や在日韓国・朝鮮人の人々を中心に、貧困や差別がらみで全日制に義務教育の場を失い、その回復を夜間中学校に求めた結果である。時は変わって、いま多くの夜間中学に、ニューカマーの生徒が押し寄せているが、そこで行なわれている教育は、かつての二部授業を思わせるものである。

夜間中学自体、教育基本法や学校教育法に設置根拠がなく、学校教育施行令や学校教育施行法規則の二部授業届出によると述べたが、二部授業とは本来施設の効率運営によるもので、中学生としては午前と午後が想定されている。しかし、夜間学級の外国人は、文字通り夜間に、中学生として日本語を学ぶために通っている。

国語教育と日本語教育が違うといっても、社会生活に不可欠な文字の教育には変わりない。このような社会で生きる上で不可欠な教育すら、ニューカマーには体系的には与えられていない。これは、人間としての基本的な権利に関わる問題といってもいい。このような基本的な権利すら充たされていない点においても、オールドカマーとニューカマーは共通している。

今日、ユネスコの「学習権宣言」や「子どもの権利条約」、さらに一連の市民的及び社会的権利に関する国際条約は、学習や教育の権利を人間生存にかかわる基本的人権そのものの問題と捉えている。たしかに、「憲法」も「教育基本法」も「国民」としての教育の義務をうたっているが、理念的にはともかく、実態としては戦争直後の在日朝鮮人を主たる対象に運用されていった外国人児童・生徒の日本の学校への「就学は義務でない」ことを根拠に、その後多様化し、恒常化・定住化した外国人児童・生徒をも不就学へ追い込む構造の存在は、決して許されてはならない。

むしろ今日の多くの国際規約の精神からすれば、外国人といえども子どもの教育は義務化し、日本の学校を選ばない子どもには、民族学校への補助とセットで不就学には対応すべきである。ニューカマーの日系南米人の学校六〇数校に国の援助はなく、それだけに教員の給料も少なく、不安定であり、学校と呼べる施設にもこと欠き、高等教育機関への進学率も正確にわからない現在の姿は、戦後間もないオールドカマーの民族学校に酷似している。

ブラジル滞在中、日系人の来日中の子どもの教育に心を痛める人から、ブラジルの企業も送金によって潤っているのだから、日本にばかり頼るのではなく、例えばブラジル銀行などの金融機関も支援すべきだと説く人もいた。ともすると日本側にばかり目のいく筆者には、傾聴すべき意見だったが、こうした日系人の教育崩壊への対策がらみでもあろう、数年前から、本国の学校の初等・中等教育未修了者のための資格検定試験（スプレチーボ）も日本で受験可能になっている（小内編『日系ブラジル人のトランスナショナルな生活世界』）。これは、双方の教育機会から締め出された者へのブラジル側の対応であるが、ニューカマーもまた、いつしかオールドカマーの歩んだ道を歩き始めているのである。

二〇〇五年五月、ブラジルのルーラ大統領が訪日した。中央紙をみる限り、国連常任理事国入りの協力やエタノールの商談が紙面を飾っているが、地方紙や地域の日系人のあいだでは、コミュニティに関する「共同プログラム」の方が、はるかに意義深いことだったろう。それは、二〇〇八年にブラジル移住一〇〇周年を迎えることを念頭に、両国首脳が、在日ブラジル人の子どもの教育に関しその重要性を踏まえ、今後とも積極的な協議の確認を取り交わしたからである。そのなかには、子どもの教育をめぐってもブラジル人の教育改善、日本社会への適応強化、日本語教育の充実等に関し、地方自治体に一層働きかけることを求めている。

政府が、日系人の子どもの教育に関し自らの調査に基づき、かれ／彼女らの教育を受ける権利を尊重する観点から、独自にこれらの諸点に関し地方自治体に働きかけるのではなく、両国政府との政治的交渉の場でことの重要性を確認するというのもオールドカマーの子どもの問題と共通している。

変わる日系人の評価

ところで九〇年の入管法の改正は、日系南米人のみに単純労働者であっても就労を許可したが、このことがブラジルの日系コミュニティに幸をもたらすか否かは、にわかに判断しがたい。現時点では、出稼ぎによる収益の増加を評価する人が多いが、一部にその弊害を指摘する人も現れている。それは、これまで日系人が南米各地で築いてきた、勤勉で、教育熱心な民族としての高い評価を失うのではないかとの危惧からである。

特にブラジルでは、日本人は「農業の神様」「緑の神様」とまでいわれて尊敬されてきた。とても農業など不可能な不毛の大地を、もち前の粘りと根性で農地に変えたからである。また、日本人がブラジルに占める割合は、総人口のたったの一％であるが、ある名門大学への進学率は、日系人だけで一〇％を超える。大学に行きたかったら「日系人を殺せ」とまでいわれるほど、教育熱心なマイノリティとして通っている。日系人のなかには、政治家も多く現れ、ブラジルにしっかりと根をおろし、地元でモデル・マイノリティの地位を揺るぎのないものにしてきた。

しかし、南米経済の低迷と日本側の突然の法改正で簡単に来日し就労できることが、ブラジルの日系コミュニティの将来を不安定なものにしている。日本に行けば容易にお金が得られるとの思いが、高校中退者を増加させ、大学進学者にさえ甘い誘惑となる。特に浪人までして大学に入るくらいなら、日本に働きに行った方が得との判断が現れ始めている。ブラジルの大卒以上の賃金が、すぐにも日本で稼げることが、浪人までして大学に入ることを躊躇させている。

また帰国しても熱心に職を探すわけではなく、日本で働いたお金で食いつなぎ、なくなったらまた日本に出稼ぎに行けばいいという安易な考えも出始めている。もともと滞日中、単純労働だけに従事し、先端技術から取り残されれば、帰国後の再就職も厳しい。たとえ職を得ても日本で得た給料が頭をよぎり、ブラジルでの会社への定着率を下げている。

しかも来日後にもマイナス現象がでている。いくつかの調査を参考にすると、かれ／彼女らの間では離婚率が上昇している。日系人どうしのカップルでも、二世、三世となると日本語に不自由な者も多い。そのため日本でも日本人との交際は思いのほか少ない。まして、二世、三世となるにつれて非日系人との結婚も多くなると、日本に来ても近所づきあいのない孤独な生活に耐えかねて、二度目、三度目の来日には、非日系の配偶者だけ祖国に残るケースも多い。こうした別居生活がひきがねとなって、離婚する者が意外に多いのである。

特に現在は日本の工場で、日系人女子が不況のなかでも引っ張りだこである。理由は、勤勉で、手作業が器用なこと、夜勤も可能な上に賃金も男子より安くすむからである。そこで、夫が失業しブラジルに帰る道を選ぶと、国際別居になり、そのうち国際離婚になるケースも多い。

マイナス面は、日系人当人に限ったことではない。日系人と現地人とのあいだの亀裂も深まっている。ブラジル滞在中、出稼ぎに行く日系人を現地のブラジル人がどうみているかを聞いたことがある。日系人が家族と別れて出稼ぎに行ったり、日本で子どもの教育で悩んでいても、現地の人は、多額の稼ぎができるだけ恵まれているととり、ほとんど同情はしないという。これまで現地の人と苦楽を共にしてきた住民の間に、血統主義的入管法が、羨望、妬み、ときに敵意すら生みだしているのである。〇五年九月に起きた、帰国したばかりの日系人を狙った一家殺害事件は、豊かな日系人と貧しい現地人との格差が生んだ悲劇である。

それでもブラジルの場合は、日系人が一四〇万人弱おり、現在出稼ぎにいっている人もブラジルで比較的生活の厳しい人なので、長年築き上げてきた日系コミュニティの中枢を揺るがすほどではないという意見もある。

その点では、同じ日系コミュニティでもペルーの方が深刻である。日本人のペルーへの入植は、ブラジルより九年前に始まった。しかし、入植が組織化されていなかったこと、かなり分散して定住していったこと、ブラジルよりもはるかに少なく、その正確な数は難しいが、それでも八万人はくだらないといわれている。そのうち現在は、すでに五万人以上もの子孫が日本に来ており、これは日系コミュニティのかなりの部分に相当する。

ペルー人の場合、日系人であることの証明が難しく、日本に出稼ぎにきている者のなかには、日系人とはいえない者も多いといわれ（山脇「人の移動・国家・生活の論理」）、数字ほどの打撃ではないといわれる。以前、広島市でおきた小学生女児殺害の犯人は、母親が日系二世のようだが、その他のデータは偽造が多く、必要書類をペルー国内で四〇〇〇ドルで入手し、これはみんながやっていることだと述べ、世間を驚かせた。

このようにペルー人の場合、数字上の日系人だけが来日しているわけでもなさそうだが、今後の展開いかんでは現地、日系コミュニティの大きな転機にもなりかねない。ペルーの日系人の場合、ブラジルとは異なり都市居住者が多く、サラリーマンや商店経営者が多い。出稼ぎ中の農地の管理という難しい問題がない分、出稼ぎの波が拡大すれば、さらに増加する可能性もある。すでに現在のリマの旧市街と呼ばれるマーケット周辺は、かつて日本人街といわれるほど日系人経営の店が多かったのに、近年は少しずつ中国系の店舗に変わりつつある。

ペルーやブラジルを訪問中、日系コミュニティの間で役員選挙のときなど、中堅層がいなくて、従来は別々だった組織も統合して委員を決めているという話をよく耳にした。このような中堅層、すなわち働き盛りの出稼ぎは、子ども就学期にある者が多いだけに、子どもが日本の学校に慣れれば家族ぐるみでの定住、永住傾向も深まるものと思われる。

ねらわれる日系人

そればかりではない。日系人が特別に扱われるところから、何とか日本で働きたい非日系人は、日系人のなかには、本当にこの人は自分を愛しているのか、それとも日本に行くのが目的なのか悩む者もいる。そのため、日系人との結婚を望む宣伝まである。新聞広告に日系人との結婚を狙う。結婚に際し、自分は日本に行かないし、日本で暮らすつもりもないと宣言する人すらいるというのは、笑いではすまされない問題を秘めている。

ある日系人の若者に詳しい人によると、入管法の改正以来、どうしてこんなにしっかりした女子があんな日系人男子とつき合っているのだろうと思われるケースが増えたという。そうした女子には、日本にあこがれ、行ってみたいと思っている人が多い。以前は、新聞に「日系人との結婚を探しています」という広告も出たほどである。なかには、偽装結婚めいた話もあとを絶たず、来日後、離婚や仕事とは関係なく、別々に住んでいる者もいる。そのため、来日している日系人が、ブラジルにいる非日系人と代理人を立てて結婚した場合などは、一年間の手紙や電話のやり取りの提出すら求められることがある。よく大使館レベルでビザ発給の資格が変わるのも、もぐりを阻止する意図もあるのだろう。

また、カトリックの国ブラジルは、結婚するのは簡単でも離婚するには面倒な手続きが多く、日本で生活している場合は、ブラジル領事館発行の委任状を弁護士に送ったり、帰国しても協議離婚が制度として存在しないため家庭裁判所の判定を受けるなど複雑で、書類上では結婚していても、現実には別れているケースも日系人には多い。入国管理局も近年は、こうした問題に神経質になり始めており、最初に単身で来た者があとでフィアンセを呼んだり、配偶者のビザには、恋愛中の恋文の点検もするほどである。イギリスでは、以前、インド亜大陸からフィアンセとして入国しようとした女子に、未婚の証明として「処女検査」をして大問題となったことがあるが、なにやら日本も似てきているのである。

ブラジルで働いても長続きしなかったり、働くことを忌避する人々が増えるとすれば、日系人へのイメージも損ないかねない。しかもそのたびに子どもは日本とブラジルを往復するわけで、学齢期の子どもの学習にも大きなハンディを残している。こうして日本の学校も満足に出ないうちに一五歳を過ぎて働けるようになると、ブラジルでは大卒でも手に入らないような賃金を得ることができるので、これでいいという気分にもなる。

だが日本語ができず、さらに高校も出ない単純労働者の特定エスニシティへの集中は、労働界にまったく新しい問題をもたらすことになるだろう。かつて在日韓国・朝鮮人を差別することによって、かれ／彼女らの多くが義務教育すら道半ばに中退せざるをえなかったが、いまかたちを変えて日系南米人をそうした状況に追い込んでいる。歴史の教訓から何も学ばなかったのである。

帰国を決意するとき

日本でこのような状況に置かれているかれ／彼女らが、帰国を決意するのはどのようなときだろう。大きく分けると次の四点が主なものである。一つは、所期の目的であった貯蓄目標が一応達成されたとき、二つは、子どもの教育に伴うもので、帰国後の学習困難を懸念してである。三つは、子どもが「日本化」して本国の文化を忘れること、いわば非ブラジル人化することへの不安からである。四つは、日本での失業である。

かれ／彼女らの来日の目的が、特に初期の人にとって本国ブラジルのインフレによる経済混乱にあったのだから、貯蓄が目的であったことは当然である。所期の目的が達成されれば、帰国するのも自然であり、日本で働いて家や土地を買ったり、これまでの借金を返済した人など、成功した人も多い。

筆者がペルーで会ったAさんは、日本で二年間働いて四〇〇万円をためた。帰国後ベッドルームが三～四個ある一〇〇平米の大きなマンションを日本円にして二五〇万で購入し、残りを娘の大学入学資金にしている。かれがいうには、日本ではペルーで働く一か月分の給料が四～五日で稼げる感じだという。そのかれも、日本の最初の勤務地は茨城県で、条件はあまりよくなかった。人材派遣の旅行代理店にうまくごまかされたなという感じがしたという。しかし日本語が堪能なので、いろいろ調べて、次は川崎市の鉄鋼関係の仕事に移った。これでお金がたまったようである。

しかし帰国する理由は、これだけではない。むしろ経済的な目標は達成できなかったけれど、子どもが日本の学校に行かなかったり、行っても将来の母国での進学に不利とみて帰国を決意する人も多い。というのも、帰国後、例えばブラジルなどでは学校に編入するのがこれまた大変だからである。

日本の学校に編入したときと同じく、ポルトガル語、歴史、地理などのいわゆる文化的な背景をもつ科目についていくのが大変である。そこで帰国時の年齢いかんでは、学年を下げて編入させたり、塾に通って後れを取り返すなどで対応している。ブラジルでは、塾は進路の後れている者が通うという。なかには追いつくのに失敗して落第し、ドロップアウトする者も少なくない。このようなリスクを避けるため、帰国を早める者もいる。

また、子どもが本国ブラジルの道徳や文化を忘れることへの不安から、帰国を早める者もいる。ブラジルは、カトリックの国である。カトリックは両親、とくに母親と子どもの結びつきが強い。ブラジルは家族単位の結びつきが強く、男子であっても母親とはよく話をするし、行動をともにする。同様に女子も父親を尊敬し、連れ立って歩くのが普通である。ところが日本では、母親と男子生徒が歩いたりすると、しばしばマザコンと嘲笑の的にされる。女子が父親といっしょに行動するのも揶揄される。こうした日本独特の若者文化に驚き、親子関係の切れないうちに祖国に連れ帰る親もいる。

そのほか、失業がきっかけで帰国を選んだ者もいる。なかには、夫が失業し家庭に居場所がなくなり、前述したように夫だけ帰ってそのうち離婚に至るケースも珍しくない。離れ離れの生活は、家族のあり方にも大きな影響を与えている。祖国においてきた家族、あるいは滞日中の本人や家族の病気、家庭騒動なども帰国の理由になる。

ライフスタイルとしてのリピーター

こうして帰国した者でも、一以外の者は、再び日本に帰還する可能性が大きい。一でも、またたく間に預金を使い果たしてしまった人や、次の事業のために再入国する人があとをたたない。先述のAさんの場合は、はじめから目的を抱え、それが実現したら帰国を決めていたので、再来日はしていない。ブラジルでもペルーでも、出稼ぎに来ない人のなかには、出稼ぎにでた人の家庭や子どもの失敗例に学んで来日を敬遠している人もいる。子どものドロップアウトと離婚が出稼ぎ家族の二大悲劇とは、現地滞在中よく聞いた話である。

しかもブラジルでは、日本帰りの人をみんなが狙っている。前述した日本帰りの殺人事件はその悲劇的な例であるが、命までは奪わずとも、土地取引や農機具等の販売会社も狙っている。特に不動産関係者は、農地の拡大やマンション経営等投資運用を勧めるが、ビジネスの経験や蓄積もないためしばしば失敗するケースも多い。来日するときも帰国するときも人に知られないようにするのは、泥棒も含めてこうした執拗な勧誘から身を守るためでもある。

しかし、なかには積極的に来日を繰り返す人も多い。ブラジルで会ったBさんは、リピーターが自分の生活スタイルになっているようである。それは、日本で稼いだお金でブラジルに店を出し、ほどほどの生活を営める間はそれで当座をしのぎ、資金が底をついだところでまた日本で働けばいいというものである。

日本と行ったり来たりする関係上、店をもつといってもそう条件のいい所には出せない。そのためブラジルでの生活は、店をつぶさない程度のものだが、生活が苦しくなればまた日本に行けばいいと考えている。このような人にとっては、リピーターが生活スタイルになっている。

特にこの傾向は、今後二世、三世の代になりいっそう強まるかもしれない。しばしば指摘されることだが、初期の滞在者は日本語力もあり、来日の目的もはっきりしていた。それが次第に、みんな行くから行ってみようとか何となく勧誘されて、と変化すると、日本語力はもとより、滞在の目的も不明瞭なものとなる。何となくズルズルと滞在し、失業すれば帰国を選ぶかもしれないが、それは目的を達したからではないので、再び戻って来ることになる。帰国した者の九〇％は、また戻るともいわれている。

二世、三世は豊かな世代だけに一世よりガッツに乏しく、何が何でも帰国して事業を成功させねばとの気迫も少ない。むしろ、世の中が世の中なら自分も親兄弟との生活の場はブラジルでも働く場は日本と割り切り、出稼ぎを繰り返すのである。特に若い人は、日本でもブラジルでも教育が中途で切れているケースも多く、こうした傾向に拍車をかけることになる。

ブラジルで日系人の聞き取り調査をしているとき、グローバリゼーションの時代、国にはこだわらず、日本であれアメリカであれ、少しでも有利な所で働いたのでいいと断言する人がいた。たしかにそうである。しかし、大人は移動の理由を知っているが、子どもには移動の意味がわからない。ある日、突然に友人や地域と接触を断たれてやってくるのである。いつの時代にも移動の犠牲になるのは、子どもであり、置いてきぼりにされる老人である。

Ⅳ章　公平性欠く外国人児童・生徒の自治体行政

二〇〇万人を突破した外国人の数

これまでニューカマーの児童・生徒の直面している問題を、時にはオールドカマーのそれとも比較しながらみてきたが、いつも気になるのは、外国人児童・生徒の受け入れをめぐって都道府県や市町村によって大きな差のあることである。

承知のように日本の教育行政は、中央に文部科学省があり、国レベルでの学校行政を統括（たしかに二〇〇〇年の地方教育行政の改正により地方の裁量は拡大したが、財政の権限は依然として保持）しているが、これまで外国人児童・生徒は視野になかった。そのため外国人児童・生徒に対する国レベルの対応は、日本語指導を必要とする生徒数の調査とそれに依拠する義務教育費国庫負担金制度における加配に関するもので、個別・具体的な対応は、すべて自治体任せである。その結果、外国人児童・生徒が増えるにつれて、自治体間の受け入れ施策の違いが拡大し、なかには放置できないものも少なくない。

以後、この実態をみていくが、たまたま居住した自治体間で、義務教育段階での外国人児童・生徒の扱いが異なり、それがもとで生涯が大きく左右されるようなことは、同一国のなかにあっては好ましいことではない。自治体任せの外国人児童・生徒の政策が、いま厳しく問われなければならない時期を迎えている。

なぜ、同一国において大きな差が認められ難いかといえば、日本には都道府県及び市町村の教育委員会に対し、文字通り「地方教育行政の組織及び運営に関する法律」があり、調整が可能である。例えばこの法律の「第一章総則」第一条では、「この法律の趣旨」がうたわれ、地方に教育委員会を設置し、教育行政の組織及び運営の基本を定めることが目的とされている。引き続き同法「第三章教育委員会及び地方公共団体の長の職務権限」に関する第二三条四では、「学齢生徒及び学齢児童の就学並びに生徒、児童及び幼児の入学、転学及び退学に関すること」について管理し、執行することが認められている。

こうした権限を地方教育委員会に認めた上で、同法第五章「文部科学大臣及び教育委員会相互間の関係等」に関する第四八条2の五では、はっきりと「生徒及び児童の就学に関する事務に関し、指導及び助言を与えること」とある。文部科学省は、地方の教育委員会や学校によってあまりに大きな差が生じないよう指導、助言することができるのである。となれば、国としてそのときどきの各自治体の長や窓口の対応いかんにより、差の生じることがないよう、外国人の教育を国際規約をも踏まえ権利として認め、最低限のガイドラインを示す必要がある。こうした業務は、一地方自治体にまかされても手に余る問題である。

こうした格差の背後には、国が原則認めていないものを地方の特性に基づいて容認した結果生じているもの、国の基準ではあいまいだが自治体が独自に厳しく対処しているもの、国の原則通りに実行しているもの、都道府県の指導に合わせているもの、さらには周辺自治体と歩調を合わせた結果、全国的にみると差になるもの等、その理由はさまざまである。国の方針を一歩踏み越えて自治体独自の判断で認めているものなどには、一概に不公平、不合理と断じるわけにもいかない。

しかしこれから取り上げる問題は、子どもの教育という基本的権利に関わるものであり、本来、基本的人権は、外国人にも国民同様に適用されるもので、国民の間で認められない差は、内外人平等の原則からいっても容認しがたいものである。

以下、自治体間で異なる内容を外国人児童・生徒の扱い、さらに教員間、学校間格差、そして日本人児童・生徒にまたがる格差に分け、順次みていくことにしたい。

開く自治体行政の格差

はじめに、自治体間で異なる対応には、次のようなものがある。①超過滞在者の児童・生徒の受け入れ、②過年の適用、③一五歳以上の生徒の受け入れ、④高校受験の特別枠の有無、⑤外国人中学校入学者への就学案内・通知、⑥不登校児童・生徒の在籍期間、⑦単年度中の再編入の可否、⑧夜間学級の格差などである。他にも多言語サービスの有無などあげればきりがないが、当面は、これらの八点をめぐってどのような不合理が、外国人児童・生徒の間で広がっているかをみることにしよう。

①は、超過滞在外国人児童・生徒にとってもっとも重要な問題である。それは、親の滞在資格いかんで、その子の義務教育にも甚大な影響を与えるからである。ある自治体では、入学案内の資料に、超過滞在児童・生徒は、受け入れられませんと明記されている。

日本の法律では、日本人には住民登録を、三カ月以上滞在する外国人には、外国人登録が義務づけられている。本来外国人登録は、三カ月未満であっても日本に滞在する以上、誰にでも課されるものであるが、免除規定もあるので、入国管理政策上義務づけられているのは、三カ月以上の滞在者である。その意味で外国人登録とは、日本人の住民基本台帳に相当する。

日本人でも住民基本台帳の届け出をしなければ、就学期にある児童・生徒のチェックは不可能なので義務教育を受けられない可能性がある。しかし、何らかの理由で住民基本台帳への登録を行なわない保護者の子女には、住所確認で学齢簿を作成し、入学を認めてよいことになっている。日本人ですら住所登録をためらう人もいるくらいだから、外国人のなかでも特に超過滞在者などに、発覚を恐れて外国人登録をしない者がいても不思議ではない。しかし、そうなると就学年齢の子どもには、就学案内が届かない可能性が起きる。

ところがこの重大な問題に関してさえ、自治体の対応は実にばらばらである。いくつかの自治体では、外国人登録を日本人の住民登録に相当するものと捉え、法律違反の児童・生徒は受け入れていない。しかし子どもの人権上の立場から、たとえ超過滞在者であっても住所確認をするだけで、ないしは外国人登録をさせて受け入れる自治体もある。

超過滞在者に外国人登録というのは違和感を覚えるが、自治体窓口での外国人登録（法）と国の入国管理（法）とは異なり、外国人登録そのものは、超過滞在者であれ、極端な話が密入国者でも登録すべき性格のものである。超過滞在者でも、外国人登録と引き換えに子どもが受け入れてもらえるのは子どもの将来にとって救いだが、保護者にとっては住所確認だけの方がプレッシャーは少ない。しかし、たまたま居住している自治体の窓口の判断で、同じ条件でも一方は義務教育を享受でき、他方では不就学を甘受する結果になっているのは、見逃せない格差ではないだろうか。

超過滞在者を前記のような手続きから遠ざけているのは、公務員の超過滞在者の通報義務と絡んでいる。現実には、外国人児童・生徒の人権に配慮して、法務省まで通報する自治体はほとんどないと思われるが、もしなぜその子どもを受け入れないかと問われれば、公務員の義務を楯にすることもできるだろう。超過滞在者の子どもの扱いをめぐり、もっとも基本となる小・中学校の受け入れに関してすら、このような差が生じているのである。

過年の是非

②はどのような問題を内包しているのか。過年とか過年児とは、児童・生徒の年齢に応じた学年に機械的に入れるのではなく、親の要望や本人の学力を考慮して柔軟に対応することである。日本の学校教育は、制度として年齢主義をとっているので、同一年齢の子どもは、同一学年である。しかし、課程主義の国では、飛び級や落第があるように、個々人の能力によって種々の受け入れのあることを当然と思っている。こうした国から来ている親には、過年の受け入れは子に真の学力を身につけさせる上で、喜ばれている制度だが、これも自治体によってまちまちである。

一切過年を認めない自治体、一歳に限り認める自治体、二歳まで認める自治体、中学生でも小学生へと制度を超えて認める自治体、とかなり異なるのである。一切過年を認めない自治体では、これを認めたら学校現場は収拾がつかなくなるという。特に恐れているのは、卒業したはずの年齢の生徒の、新たな入学問題の発生である。来日したのは一六歳だが、一四歳の中学二年次に編入させてくれという問題がおきるというのである。その一方で、ある中学校では、小学校と隣接していることを生かして、教科によっては取り出しのとき、小学校の日本語教室に通級させる所もある。本人の希望と能力を尊重した一例である。

特に小学校も中学校も編入時期が三学期の場合、過年が適用されるか否かは、その子にとって人生の大きな分かれ目となる。小学校六年生の三学期に編入すると直ぐ中学生になり、いっきに教科書の内容も高度になる。このとき過年を認めて小学校五年生に受け入れてもらえれば、もう一年間小学校にとどまることができ、ゆとりをもって中学校に進学できる。同様に、中三の三学期はもとより、二年生の三学期でも、過年が認められなければ、残りは一～二カ月なり一年だけである。それが中一への過年が認められれば、残りの二年をいかして生徒によっては高校受験に挑戦することも可能になる。

日本の学年編成が年齢主義に基づくことは前述した。イギリスのような国も基本は年齢主義に基づいているが、入学は、児童・生徒の誕生日いかんで異なる。五歳になったあとの最初の学期から学校に行けるので、誕生日によって入学する学期はまちまちである。卒業のみが、一六歳の誕生日を迎えた学年の六月の最後の金曜日である。卒業式のみ、みんなと同じである。フランスにも、入学式や卒業式などという儀式めいたものはない。とくに中、高ともなるとそれぞれ選択科目によって授業の開始日が異なるので、各自、選択科目の始まる日に出かけて、その日から授業開始である。学期の終わりも選択科目の違いによってまちまちである。

イギリスやフランスの、自分は自分、他人は他人、各人はみな違うのだという意識は、このような学校教育を通して形成されている。このような学校に入る小さなときから自然に身体を通して身につけた行動様式は、その後の人生の価値観をも大きく左右するに違いない。人生の節目節目で、みんな一緒の儀式めいたものがある社会と、それがない社会では、その人の人格や行動様式に大きな違いを与えていく。日本では、入学式あり、卒業式あり、入社式ありと儀式が目白押しである。日本人の礼儀正しい、直立不動型の横並び同一意識は、この学校時代のみな同じ的儀式体験によること大であろう。外国人には、同一年齢、同一学年自体が、異質な存在を認めないプレッシャーになっている。

もともと年齢相当の学年ではついていくのが困難なのに、機械的に編入したばかりにやがて学校そのものに対する関心も喪失し、最悪のときは不登校になるケースも多いことを思えば、もう少し柔軟な対応が望まれる。外国人には、雇用条件のよい所を求めて移動する者も多いが、ある自治体で認められているのに、他の自治体では認められず戸惑う者も多い。機械的に過年（児）を排除するのではなく、本人本位の受け入れがなされてもよい。

本人本位の受け入れといえば、こうした編入時に、日本語力や日本の滞在歴は考慮されても、当人の母語の力はほとんど考慮されない。イギリスでは、受け入れのさい必ず母語能力も問われる。これは導入教育（induction education）の最重要確認事項であり、母語のしっかりした生徒は、受け入れ国の言語を含む他教科の習得においても、成長の速いことが知られているからである。受け入れ時において、母語の力がほとんど考慮されない日本の現実は、本人より受け入れ側の事情のみが逆に考慮されていることを物語っている。

不平等な修業年限

③の問題は、さらに重要である。日本の義務教育制度は、憲法、教育基本法、学校教育法によって定められている。はじめに憲法では、第二六条により「教育を受ける権利、教育の義務」が定め

られている。それはあの有名な「すべて国民は、法律の定めるところにより、その能力に応じて等しく教育を受ける権利を有する」というものであり、二項では「すべて国民は、法律の定めるところにより、その保護する子女（現、子）に普通教育を受けさせる義務を負う。義務教育は、これを無償とする」というものである。憲法は、国民の権利と義務に関して述べているのだが、ここには、年齢に関する規定はない。教育基本法の義務教育に関する規定は、第四（現第五）条である。そこでは、「国民は、その保護する子女（現、子）に、九年の（現、別に法律で定めるところにより）普通教育を受けさせる義務を負う」とある。これも国民の義務に関するものだが、旧法にあった九年という教育期間の定めはなくなった。

就学年齢と修了年齢がはっきり規定されているのは、学校教育法で、それも一九（現三二）条や三七（現四七）条ではなく、旧二二条の小学校と三九条の中学校への就学義務の規定においてである（現在は、小・中学校とも一七条に統一）。一九（現三二）条、三七（現四七）条では、それぞれ小・中学校での修業年限が規定され、小学校は六年、中学校は三年、と期間のみ定められている。では、二二、三九（現、一七）条はどうなっているのだろうか。小学校に関しては、「保護者は、子女（現、子）の満六歳に達した日の翌日以後における最初の学年のはじめから、満一二歳に達した日の属する学年の終わりまで、これを小学校……に就学させる義務を負う」とある（省略した部分には、盲、聾、養護学校［現、特別支援学校の］小学部にも同様の方針が述べられている）。

また中学校に関しても「子女（現、子）が小学校……の課程を修了した日の翌日以後における最初の学年のはじめから、満一五歳に達した日の属する学年の終わりまで、これを中学校、中等教育学校の前期課程……に就学させる義務を負う」とある（中略の部分は、前に同じ）。

繰り返しになるが、これらの三つの規定はすべて国民（保護者）に課せられた義務に関するものであるが、憲法に就学・修了の年齢規定はなく、教育基本法にも就学期間の規定はあるが（現教育基本法ではなくなった）、修了年齢の規定はない。あるのは学校教育法においてである。ということは、地方自治体が、中学校未修了者でも切り捨てているのはこの学校教育法によってであり、義務教育年齢を過ぎた子女の保護者に就学が義務づけられていないこと、さらには、この規定を保護者の義務とのみ捉えていることによる。

しかし、国民に関する義務ではあるが、三つの法律を並行してみるとここに二つの問題が生じる。一つは、教育基本法では、義務教育の就学年齢を九年間（既述の通り）と定めていること、したがって一五歳でも九年間の期間を充たさないケースは、教育基本法と学校教育法で齟齬が生じる。もう一つは、繰り返すが、これらの規定は「国民」に課せられた義務である。外国人に、日本の学校への就学は義務づけられてないから守る必要がないというのであれば、内外人平等の原則や多くの国際規約に反することになるし、義務でないということはむしろ、これらの規定に縛られる義務もないことを意味する。しかし現実には、これらの送り出し国の事情は考慮されずに、依然として、日本人同様、一五歳を基準に排除する自治体が多い。

具体的には、中国人のなかで小学校に入学する年齢が七歳や八歳の生徒は、一五歳の時点で、義務教育の九年間を修了していないにもかかわらず排除されている。その結果、高学歴社会日本で、中学校すら未修了の外国人生徒を多数生み出す原因になっている。もし、日本人に準じて外国人児童・生徒の受け入れを判断しているのなら、先のようなケースでは、一五歳での修了を定めている学校教育法にではなく、九年間（既述の通り）という義務教育の期間を定めている教育基本法を尊重する精神で受け入れることはできないものだろうか。

一般に法の世界では、憲法を除いて、「特別法」は、「一般法」に優先するという考えがある。学校教育法と教育基本法に「特別法」、「一般法」という考えがなじまないのは承知であるが、ただ、右記のようなケースにおいては、教育界の憲法ともいえる教育基本法の理念が優先されてもいいのではないだろうか。

一五歳を過ぎても外国人の子どもを受け入れている自治体が教育基本法を尊重しているというのではないが、日本の法律の間でも齟齬を生じさせていることを思えば、機械的に年齢だけで切るのではなく、外国人にしても日本人にしても、不利な立場におかれた生徒本位の対応が望まれよう。このような基本的問題に関してさえ自治体間で差のあることは、容認できる範囲を超えている。

筆者の訪問した自治体のなかには、たとえ一五歳でも三学期の編入は認めない所があった。その一方で、一六歳でかつ母国の中学校を修了していたにもかかわらず、一年生に編入を認めた自治体もある。この場合、自治体というよりも学校で身近に接した教員の話によれば、当人にとり必ずしもいいことだけではなかったようだとはいうものの、ここで問題にしたいのはその取り扱いの格差である。学齢さなかでも編入の時期いかんでは認めない自治体と、学齢超過でも本人の身になり受け入れる自治体との差はあまりに大きい。

地方の時代とは、基本的な権利や義務において差のない上での、地方にマッチした独自性の追求である。義務教育という基本的権利においてすら起きているこの地域格差は、放置できない問題である。

特別枠の有無

義務教育のような基本的問題に関してすらこの格差なのであるから、④の問題は当然おきるべくしておきているともいえる。

日本語の不自由な生徒にとって、高校受験は難関である。特に日本人とまったく同じ問題で受験しなければならない生徒にとり、合格は至難のわざとなる。この受験に関しても、自治体の対応は実にさまざまである。日本人と同一科目ではなく、科目数を減らす自治体、その減らしかたも、作文と面接だけの自治体もあれば、減らしながらも、基礎科目の受験を課す自治体、あるいは問題の内容を変えて対応する自治体、さらにルビ振りの有無まで含めると、その違いは枚挙にいとまがない。

さらに注目しておきたいのは、受験科目の差だけではなく、外国人のための特別枠の有無である。特別枠の対象を中国帰国生に限定している自治体、中国帰国生にすら設けていない自治体、中国帰国生以外の他の外国人生徒にも適用している自治体、その場合、双方に条件の違いを課している自治体（例えば中国帰国生が受験できるのは帰国後四年以内だが、そのほかの外国人はその半分であることなど）である。中国帰国生に限定してもその期限に高校受験時点で二～六年と幅がある。すなわち編入時期が二年以内ということは中学二年次以降に帰国した生徒のみが対象になるのに対して、六年未満だと小学校四年次以降の帰国生も対象となることになる。これでは、特別枠があるといっても資格要件にとても大きな差があることになる。

現在日本では、高校はほとんど義務教育化している。それだけに、受験資格に高卒を課している企業や資格がかなり多い。同じ送り出し国なのに、日本でたまたま居住した自治体によって、一方の生徒は高校に進学でき、そこから大学進学の可能性まで開かれるのに、他方の生徒は、中学編入すら認められず、求職活動にも不利な状態は、生徒にとっても納得しがたいものであろう。いかに、世をあげ地方の時代とはいえ、格差がそれで合理化されてはならず、いっときも早い是正が求められている。

中学入学の就学案内・通知

⑤の問題も、東京都などではこのところの学校選択制と絡んで明るみになってきた問題である。

通常日本では、外国人児童に対して小学校入学時に就学案内が送付される。これが行なわれるようになったのもそう遠くはなく、一九九一年の日韓覚書の交換以降のことである。しかし中学校の就学案内に関しては、出さない所も少なくない。この背後には、日本で外国人児童・生徒といえば、もっぱら在日韓国・朝鮮人の児童・生徒が念頭に置かれており、小学校時点で朝鮮学校を選択した子が、中学校で日本の公立校を選択することは考慮の外であり、日本の小学校を卒業しない者は中学校入学の条件を欠くとみなされていたことがある。

これに風穴を開けたのは、中学校の場合もたしかに一九九一年の日韓覚書であるが、さらには外国人生徒の多様化である。小学校の選択制は、外国籍児童であってもこれまでの就学案内で対応可能だが、中学校となると小学校を公立校以外の所に就学している子、民族学校やインターナショナル・スクールで学んでいる子等、多様なのでそうはいかなくなる。

ある自治体は、中学校への就学案内を公立小学校在校生に限って出している。しかしこうなると、民族学校はもとより、私立や国立の外国籍の小学校在校生には、日本人も含めて案内が届かないことになる。他のある自治体は、私立、国立、該当する外国籍児童すべてに出している。これは、外国人登録に基づいて就学案内を発送しているからである。中学校への就学案内という基本的なことも、その方法、範囲が自治体によってまちまちなのである。

前者の方法を採用している自治体の言い分は、中学校に入学できるのは、日本人なら一条校に相当する小学校を卒業するのは義務であり、外国人といえども小学校卒業程度の学力が条件というのだが、外国人は、日本の義務教育の範囲外にある。外国人の児童のなかには、小学校はブラジル人学校に通ったが、家族の定住への方針変更や学費の関係で中学校からは日本の学校にし、日本語をしっかり勉強して、将来は高校、大学に進学しようする者も生まれている。しかし自治体によっては、この就学案内がもらえないのである。

日本の教育事情に精通している親には、入学の道を探ることは可能だが、そうでない親にとっては、自分の子は資格を欠いていると思いかねない。小学校の選択肢の拡大や学区制の変更によって、自治体間でこうした格差のあることが、このところ明らかになっている。

東京都と並んで外国人の多い大阪市は、中学入学対象者には、学校を通じて学区内入学予定者名簿を送り、学校がその後公立校以外の入学者を線で消し返送、さらに公立校以外の就学児童にも別途個別に入学案内を郵送している。これは、かなり手の込んだ方法であるが、それでも外国人には目が届かないという。外国人児童・生徒の就学が義務でないゆえ、行政の目からはどうしてももれてしまうからである。それだけに不就学へと追い込まれる可能性もある。

外国人児童・生徒が不登校になったとき

⑥も外国人児童・生徒をめぐる見逃せない格差である。不登校は、日本人児童・生徒でも大きな問題である。しかし、日本人児童・生徒の場合は、義務教育ということもあり、登校できるようになるまでそれこそ根気よく待たれる。また、あまりに近年不登校の児童・生徒が多いこともあり、少しでもかれ／彼女らの学習権を守るため学校以外の教育機関で指導を受けた日数も、校長の判断を前提に出席日数にカウントされるようになっている。

ところが外国人児童・生徒の場合、日本の学校への就学は義務でないため、長期欠席すると途中で切られてしまう。筆者の知っている範囲でいうと、ある自治体では理由のない欠席が一カ月続いただけで退学願を書くことが勧められている。

外国人に就学義務を課していない以上、国内法的には問題ないとしても、子どもの権利条約や国際人権規約等の国際規約との関係で、義務教育年齢での退学届は大いに問題である。実際にこの通り運用されているとは思えないが、外国人児童・生徒の保護者への説明文にはそう明記されている。その一方で、これまた筆者の知っている自治体は、外国人生徒もほぼ日本の生徒と同様に扱っている。すなわち、もしある外国人生徒が中学一年次で不登校になっても、三年次の卒業まで在席できる。

たとえ理由のない欠席であっても、一カ月で退学願の提出が課せられるのは、あまりに厳しい処置ではないだろうか。外国人児童・生徒を日本の児童・生徒と同様に扱う自治体との差が大きすぎる。

また、不登校の外国人児童・生徒でも、地域の学習室に通っている者もいる。これに関しては、日本の児童・生徒のようには扱われていない。さらに、日本の児童・生徒は、たとえ一日なりとも学校に行かなくても、卒業証書を望むなら学校長の判断で授与することが可能である。しかし外国人生徒の場合は、就学が義務でないゆえに、これは大いに議論の生じるところであろう。すでに外国人生徒も区別なく卒業証書を与えている学校もあるが、他の外国人への影響を恐れて慎重な学校も多い。またこうした問題を避ける意味でも、長欠の時点で除籍にする学校もある。

すでに言及したように、高校がほぼ義務化している日本で中学校すら卒業しない状態を防ぐには、長欠状態が続いても日本人同様、学籍はそのままにし、学校以外の地域学習室やサポート校で学んでいれば、日本人同様、出席扱いにすることを検討してもいいのではないだろうか。そのくらいのゆとりをもたせる方が、再び登校し始める可能性にも通じると思われる。いずれにしても、長欠に対する自治体間格差をなくし、たとえ外国人生徒に日本の学校への就学が義務化されていなくとも、日本人児童・生徒と同じ扱いをする方が教育的であろう。

単年度の再編入

⑦に関しては、これを文章化していない自治体の方が多いと思われる。しかし一部の自治体では、外国人生徒の出入りの多さに悲鳴をあげて、編入時の配布資料で単年度の転出入を禁じている所がある。これは、例えば五月に転校した児童・生徒が、同じ年度に再編入することを禁じる処置である。

再三述べるように外国人は、有利な賃金条件を求めてよく勤め先を変える。あるいは、リピーターといわれるように、日本と母国を行き来する。四月の入学時の児童・生徒数と途中の九月、一〇月の数が大きく異なるなどということは、外国人児童・生徒の多い学校では日常的におきている。

それどころか、東京都のように四月一日の時点で通級を要する生徒数の出し方には、批判もあるほどである。この時点では、新入生の通級を要する生徒が含まれない可能性があり、また新学期後の担当教員による専門的な判断が、得られないなどの理由でである（「第二回・東京の日本語教育、日本語学級を考える集い」分科会報告）。生徒が外国人児童・生徒数に応じて加配教員の配分が異なる状況のもとでは増減も気になろうが、だからといって単年度の編入を認めないというのは、外国人児童・生徒の教育を権利とはみないで、恩恵とみているからであろう。

外国人児童・生徒の教育を権利としてではなく恩恵とみる立場は、戦後、在日韓国・朝鮮人児童・生徒との関係で生まれた発想である（Ⅴ章参照）。しかし、その後の日本を取り巻く環境は大きく変わり、日本が批准している「国際人権規約」や「子どもの権利条約」も外国人児童・生徒の教育を権利として捉えている。

子どもの教育を受ける権利は基本的人権に相当し、単年度の再編入が認められないため教育に空白が生じる事態は、避けなければならない。そうでないと教育を守るべき教育委員会が、教育を妨害していることになりかねず、さすがに、こうした自治体は少ないとは思われるが、この差も見逃せない問題である。

全日制に劣らぬ夜間学級の格差

これまでの全日制の格差は、全国の学校が対象だけに、種々の格差があることは予想された。ここでは重要なもののみに限定したが、一方、夜間学級はどうであろう。全国で三五校と少ないだけに、差があれば目立つと思われるが、あまり言及されないのは、関心をもつ人が少ないからともいえる。

はじめに大きな差としては、日本語学級設置をめぐる問題がある。都内の夜間学級には、Ⅰ章でもふれた通り、全日制と同じ基準で日本語学級の設置が認められている。このところリストラが進められているが、日本語学級という存在は認知されている。しかし、夜間学級で日本語学級が認められているのは東京都のみである。理由は、美濃部都政時代に、中国帰国者が来日し始め、そのときの対応が今日まで継続しているからである。

そのため、他の自治体の日本語学級のない夜間学級で日本語をまったく知らない外国人生徒との間に何がおきているかといえば、Ⅰ章で述べた都内の夜間学級で日本語学級を設けていない学校と同じ問題がおきている。すなわち、多くの夜間学級の教員が、日本語指導に時間をさかれ、他の科目への時間が圧迫されているのである。

また、在籍できる年限という生徒にとっては死活問題にもなりかねないことにも、自治体によって、あるいは夜間学級によって差がある。識字教育の歴史の長い大阪の夜間学級は、最長九年である。通常は、夜間学級も全日制同様三年が目安であるが、働きながら学んでいる生徒の実情を考慮し、その倍の期間在籍可能なようになっている。しかしそれでも卒業できないこともあるので、最大さらに三年延長が可能である。近畿周辺には、一二年在籍が可能な学級もある。

以前は、「どこでも誰でもいつまでも」が合言葉で、在籍期間に定めはなかったというから、九年という期限の設定（一九九四年二月）は、後退のイメージがつきまとうかもしれないが、東京のように在籍期間の決まりもなく、だからといって何年もいられるのではなく、通常は三年で、もしそれ相当の学力が認められれば三年未満でも卒業可能、という所からすれば、長期間在籍が保障されているといえる。しかもこの東京でも、夜間学級の在籍期間は三年の所もあれば、五年や六年の所もあり、その差は二倍にも及ぶ。

学費はどうだろう。夜間学級も義務教育である以上、教科書代は無料である。しかし給食代や副読本の扱いには、さまざまな差がある。大阪府は、自主教材の使用に配慮しているとはいえ、副読本も無料であり、給食も補食給食（基本はパンと牛乳）ではあるが無料である。しかし東京都は、夜間学級によって差がある。給食代が無料の所、金額を決めて徴集する所、最近は財政事情が悪いので、居住地別を採用し、生徒の居住区によって差を設ける所も現われている。すなわち居住地の夜間学級に通学している生徒は無料だが、他区から通学している生徒は有料となる。都の場合も夜間学級への通学条件は、都内在住者か都内勤務者に限られるが、二三区内に八学級しかないので区を越えて通うことになると、給食代のような基本的なものにまで居住地別に差が生じるのである。

隣接夜間学級どうしの差

一方、隣接横浜市の夜間学級は、東京都や大阪府とはかなり異なる。横浜市には、五校の夜間学級があるが、入学できる生徒総数は、全体で四〇名が上限である。したがって一校あたりの総定員は、八名以内に抑えることが求められている。しかも、夜間学級専門の教員が配置されるのではなく、複式学級制であり、昼間部の教員が夜間も兼ねている。在籍できる期間も、たしかに一年生もいるが学年制ではないので、多くは中三（ないしは中二）のときに来て単年度で卒業する形である。給食は学校によってやり方は異なるが無料であり、〇五年度は全校生徒二七名中、二一名が外国人である。

同じ神奈川県でも川崎市にある一校の夜間学級は、夜間の専任教員が全体の三分の一とはいえ配置されており（三分の二は昼との兼任）、生徒の在籍期間も三年間である。〇六年四月時点で二〇数名の生徒が学んでおり、その七〇％近くを外国人が占める。このところ年々外国人生徒の占める比率が増しており、時間は五時四〇分から始まるが給食はない。

これに同じく隣接の千葉県を加えてみると、さらに変化に富む。千葉県にも市川市に一校夜間学級がある。完全な学年制で、日本人の高齢者で五～六年在籍した人もいる。専任が教頭を含めて四人、その他は、非常勤五人で昼との兼任はいない。外国人が増えており、〇六年五月の時点で全生徒三〇数名中二〇数名、六五％近くを占め、給食は川崎同様、ない。

夜間学級は外国人の学校でもなければ、日本語習得機関でもなく、しかも夜間学級のない県の方が多いといわれればそれまでだが、東京都、神奈川県、千葉県は隣接しており、何らかの事情で中学校を卒業できなかった人にとって、条件のいい地域の夜間学級に通学できた人はいいが、そうでない人にとってこの自治体間格差はあまりに大きく、以後の人生にも多大な影響を与えるのではないだろうか。

生徒の多様化により、国や自治体の対応が間に合わないうちに、格差は全日制にとどまらず、夜間学級にも広がっているのである。夜間学級は、その数が少ないだけに格差はいっそうきわだってみえる。

たしかに夜間学級と全日制の地域格差を同一に論じることはできない。あえて繰り返すが、夜間学級は二部授業としての届出制による。学校としては認められず、学級としてのみ認知されているに過ぎない。それだけに学級運営に関しては、各自治体の財源の差や夜間学級の歴史、運動の差がそのまま現れている。しかし、外国人生徒からするならば、同じ公立でありながら、この差は理解しがたいものだろう。

教員間に広がる格差

このような自治体間の格差は、外国人児童・生徒にのみ不利益をもたらすのではない。かれ／彼女らの支援している学校の教員や地域ボランティアにもそれは及んでいる。教員間の格差に関しては、その好例を加配教員の扱いにみることができる。

本章のはじめの所でも述べたように、外国人児童・生徒に対する文部科学省の支援は、ほとんどない。これまでの学校教育は、日本語による日本人のための教育が当たり前になっていたからである。そのなかで唯一行なわれているのが、日本語の必要な児童・生徒数の把握とそれに依拠した加配教員の措置である。

文部科学省が、全国的な加配教員の配分に関わるのは、義務教育諸学校の教員配置や待遇に地域的な格差が生じては、教育の機会均等原則が崩れるとして、以前話題になった三位一体改革の教育予算の教員給料の半分を国庫が負担する原則（教員給料の負担二分の一の原則、近年三分の一へ変更）との関連においてである。

そこで各学校は、前の加配の仕組みで述べたような手順で申請するが、教員数の決定のみを文部科学省が行ない（「公立義務教育諸学校の学級編成及び教職員定数の標準に関する法律」、いわゆる「義務標準法」。近年、都道府県教育委員会が特に必要と判断した場合は、地方独自の編成も可）、運用は地方に任されることで加配教員の扱いに大きな不均等を生じさせている。もっとも典型的な差が、国際理解教室の三類型でもふれたように、日本語教育担当として加配教員を配置する学校と、区別はしないで教員数のみを増やす学校があることであった。区別をしない学校は、教員のなかから校長が日本語教員を決めなければならないが、これには特定の教員が担当になる場合と、時間のあいている教員が、四～五人共同で受けもつ場合の二タイプがある。いつも時間があいているのは教頭、という所も多く、教頭が全面的に支援している所もある。

後者の二タイプの間でも日本語教育の専門として配置するのと、教員数のみを増やし、運用を学校の裁量に任せるのとでは、一長一短である。前者は、外国人児童・生徒に関心のある教員や国語の教員が採用されることが多く、日本語指導の蓄積なりノウハウを心得ているという強みがある。

しかし、日本語教育イコール日本語教室専属ととられ、自分の机も一般の教員室と異なることから、学校全体の動きから浮いた存在になることは前述した。

日本語教育専属の教員同様、日本語教室を担当している間に、学校全体の動きから隔離されることもおきる。支援される児童・生徒側にとっても、日本語教育の専門家でなく、担当する教員も二～三年おきに代わるなど、日本語教育のノウハウが伝達されにくい。東京都のように教員の勤務年数を制度的に最長三～六年で異動させる所では、さらにこのような蓄積は継承されにくい。

また、四～五人の集団指導体制もいくつかの問題をはらんでいる。そのときどきで学級担当の空きの生じた教員が面倒をみるということは、教員の専門科目とは関係のない教員が生徒に接することになる。小学校と中学校では若干異なるが、理科や数学担当の教員が日本語担当になるのである。日本語教育に必要なものは、日本語教育の専門的知識でもなければ国語の知識でもなく、むしろ外国人児童・生徒に対する愛情と情熱であるとはよくいわれるものの、体系的な日本語の教授は必要である。集団指導体制では、このシステマティックな支援ができないのである。

さらに自治体間、学校間で教員負担に大きな格差を生んでいるのは、日本語指導員や通訳派遣が学校にどこまで関係できるかである。これは自治体によることもあるが、学校長の判断によるところも大きい。ボランティアの人々と共同で日本語指導ができ、欠席者や進学相談に、母語のできる指導員が家庭訪問も兼ねる形で支援できるような学校では、教員の負担もかなり軽減されている。外国人児童・生徒に限らないが、子どものなかには教科に関すること以上に、生活に関する問題を抱えている者が多い。指導員や通訳派遣が、教員と一緒に相談相手になれる学校は、生徒にとっても心強いものである。

教育委員会によって採用された人だけではなく、地域ボランティアも出入りでき、教科によって一般学級での引っ付き指導も可能な場合は、日本語指導教員のみではなく、他の教科の教員からも喜ばれることが少なくない。

こうして自治体間の格差は、一部教員をも巻き込む形で、日本語指導教員らの種々のストレスの原因になっているが、最大の被害者はやはり生徒である。専門の日本語担当教員によって教授されている場合はともかく、校務分掌や空き時間の生じた教員によって回り番方式で教授される場合、体系的な日本語教育がされにくい。前述したように外国人児童・生徒はしばしば転校するが、本人の日本語力が明確に判断されていない場合、転校先でも試行錯誤が繰り返される。そのうち本人もやる気をなくし、転校などを契機に不登校になるケースも多い。

通訳派遣のサービスがなかったり、曜日によって限定されていたり、相談回数に限度があるなど、学校や自治体によるばらつきも多い。教員間の格差は、子どもへのサービスの格差にもなり、これらの欠陥がもとで不登校の原因になることも少なくない。

マイノリティ問題を学校全体の問題に

こうした自治体間の格差や不均等をなくすには、そろそろ「日本語科」を正式な科目に加え、

「日本語科」教育免状をもつ教員を、外国人児童・生徒の多い自治体に配置する必要がある。日本語教育を必要とする児童・生徒がまだ少数であり、地域的にも不均等だというのなら、教科免許を主専攻・副専攻制にし、どちらかで日本語教員免許を取得させ、地域の事情に応じた採用が望まれる。これなら現行のままでも実現可能である。その上で、外国人児童・生徒の問題を学校全体の問題にしていくことである。

日本では、マイノリティの児童・生徒を扱う教員自身が、学校でマイノリティ化している現実がある。マイノリティは、学校の国際化を考える貴重な財産である。異質な者が異質なままで学習し、生活できる環境作りは、学校を変える重要な契機になるはずである。しかも日本の児童・生徒にとっても、その方が生活しやすいのである。しばしば学校関係者によって言われる通り、外国人にもわかりやすい授業は、日本人にもわかりやすく、外国人の登校しやすい学校は、不登校に悩む日本人にも登校しやすい学校である。

また、教員間に広がる格差で見逃せないのは、ボランティアの受け入れをめぐる差である。これほどまで学校が「多文化」化し、多民族化すると、教員だけで児童・生徒の世話をするのは困難である。ところが、ボランティアの受け入れをめぐり学校間でかなりの格差がある。これは、自治体間というより学校長の判断による方が大きいと思われるが、無視できない問題でもある。

日本の学校には、教壇には教員免許状のある者のみが立てるとの観念が強い。すでに、総合的な学習などによってこれは崩れているにもかかわらずである。外国人児童・生徒が多様化し、流動化するこれからは、教員免許状に関係なく、資格のある人なら誰もが学級支援なり教壇に立てるようにしていくことも重要である。ある程度これが認められている学校と、そうでないところの教員の負担の差は、かなり広がっている。

日本人を含む不公平

以上、外国人児童・生徒をめぐる自治体間格差で見逃せない問題を、外国人の生徒側の問題と、かれ／彼女らを扱う教員に分けてみてきた。しかし見逃せないのは、自治体間で外国人児童・生徒の扱いだけが異なるのではなく、日本人児童・生徒をも広範に巻き込む形で格差が生じていることである。

学齢超過をめぐる問題もその一つである。以前、都内夜間学級の生徒のなかには、本来居住している自治体が一五歳以上の就学を認めないため、わざわざ夫婦が別居して通学している生徒がいたという。この生徒の居住地は東北地方であるが、承知のように夜間学級は、東北以北と四国、九州にはない。これらの地域で、何かの事情で中学校の就学機会を逸した者に厳密に学齢超過が適用されると、中学校修了資格を得るには、こうした犠牲も余儀なくされるのである。

さらにこれまでふれてきた学校の国際化がらみで見逃せないのが、小学校を外国人学校で終えた児童の中学校入学をめぐる問題である。近年日本にも、国際化に応じてさまざまな外国人学校が誕生しつつある。内容は、民族学校的なもの、インターナショナル的なものとさまざまだが、こうした学校が増えている。ところがこれらの小学校を卒業した児童が、中学校で日本の公立校を希望したとき、自治体によって対応がかなり異なるのである。

関東地方の外国人の多いある県や市の教育委員会のように、小学校入学の時点で外国人学校を選択したのだから、中学校入学資格は喪失したとみなす自治体、東北地方を代表する、ある市のように外国人小学校への在籍自体が変則だったのだから、中学校を日本人学校に変えることは、本来あるべき姿に戻るものとして積極的に受け止めようとする自治体、そうしたことには関係なく、義務教育という観点から日本の中学への入学希望があれば断れないと判断する自治体、さらに日本の小学校卒の資格を充たすため五、六年次で小学校に編入することを条件に認める自治体など、この基本的なことについても実にばらばらである。

なかには、六年生の二学期などの編入に際しては、教育委員会は判断せず、現場の学校に任せる自治体もある。学校が緊急職員会議を開き、生徒の日本語力や今後の進路計画などを総合的に判断し、学齢簿や卒業台帳への記載の有無を決めるのであるが、学校に任せれば、その差はさらに開くだろう。

途中の対応もさまざまである。日本の学校に来ない児童の父母に、義務を果たしておりませんと、毎年通知する所、その回数も年一回ではなく前期、後期と二度に分けて通知する所、本人が日本の学校を選択しなかった以上、その後の通知を控える所、はじめの数年間のみ通知する所、何と学校が長欠扱いにしている所とこれも多様である。学区制がはっきりしている所は、自治体が催促しなくても、児童・生徒の学区に当たる学校が学齢簿に記載し、あとは長欠として処理している。

もし、最初のケースのように、日本の小学校を修了していないとして公立中学校入学の資格を充たさないとされた場合、これは単にそのほかの自治体との格差のみではなく、外国人との二重格差にもなる。というのは、外国籍児童・生徒の場合、日本の小学校への就学は義務でないゆえに、途中での編入はもとより、外国人小学校を修了後日本の中学校に入学することも自由である（ただし東京都は、外国籍児童であっても日本の小学校を卒業しない児童の中学入学は認めない区が多い）。これは、外国籍児童・生徒の日本での教育が義務でないことに伴うねじれ現象といえる。

たしかに学校教育法三五（現四五）条では、「中学校は、小学校における教育の基礎の上に」とあり、帰国子女以外、小学校課程を修了した者でないと中学校課程に進学できないことがうたわれている。小学校入学に外国人学校を選択した者は、この法律に違反したとみなされるのである。しかし、国際化の進展により多様な学校ができているおり、これはかえってさまざまな教育の可能性を損ねるものである。その結果、日本人でありながら日本の公立中学校への進路が阻害される事態もおきている。

国際結婚が増大しているおり、日本人と在日韓国・朝鮮人や中国人を両親にもつ子どもが増えている。そのなかには、ダブルの子どもなどの場合、小学校を朝鮮人学校に行き、中学校から日本の公立中学校に変えようとする子もいるが、日本国籍を取得するとこれが認められない。理由は、日本人としての義務を果たしていないからである。たしかに二二歳までは重国籍が認められてはいるが、日本人でもある以上、一条校を卒業しなければならない義務を欠いているからである。そこでこれを防ぐため、小学校の五年生や六年生になったとき、朝鮮人学校や中華学校を中途でやめ、日本の学校に転校する子もいる。小学校を修了する区切りのいいときでは、中学校への編入を認めてもらえないからである。しかもこの重要な問題に関し、自治体間で扱いが異なるというのもおかしな話であり、これまた無視することのできない問題といえよう。

帰国子女で、外国の小学校を修了し、中学から日本の学校に入学しようとするのはなんら問題ない。海外には、一条校がないからである。日本にいながら外国人学校に行ったばかりに日本の中学入学が絶たれるのは、いかにも不条理ではないだろうか。これも国際化が生み出した新しい不平等である。いっときも早い、国としての統一的な対応が求められる。

弱小自治体の努力を無にしないために

現在、地方分権の議論が行なわれている。争点の一つが、この章でも取り上げた義務教育費国庫負担金制度をめぐる問題であった。教育学者のほとんどが、国庫負担金制度を地方に任せたら、教育の格差は広がるばかりだと警告している。しかし、現実には、現行制度のもとでもすでにこのような格差が存在している。その格差のなかには、にわかに信じがたいような問題まで、窓口なり自治体の判断にまかされた結果生じている。教育の機会均等は、すでに日本人児童・生徒の間ですら崩れている。日本の学校への就学が義務づけられていない外国人児童・生徒の不平等、不公平感はそれ以上である。

問題は、国か地方かではなく、国が二一世紀をふまえた開かれた教育政策のために、基本的な施策を公表し、最低基準を守るよう指導することである。教育経費を一般財源化しながら地方に移管するのは問題が多いが、分権が改革の基本というのなら、まずは国が守るべき基準を明示し、外国人のためのナショナル・ミニマムを設定してからであろう。これまでのことからわかるのは、国が管理していても、何の教育施策も示さないなら、基本的なことに関してすら格差は広がるばかりだということである。議論が財政・給与をめぐる問題にのみ集中しているだけに、その危険はいっそう高いといえる。

地方分権の時代、地方よりもむしろ学校に権限をゆだねた方が独自色も出しやすい、という議論もありうる。地域住民により密接した所に権限を委譲する地域民主主義の観点からするならば、これにも一理ある。しかし、日本人子女の教育だけが問われているのであれば、それでもいいが、外国人児童・生徒の教育には、にわかに賛同しがたい。理由は二つある。あらためていうまでもなく、外国人には選挙権が認められていないこと、学校や行政に働きかけても、その意見をくみ上げてくれるルートがないのである。もう一つは、外国人の存在そのものをめぐって、日本では、依然として賛否が拮抗している事実である。このような状況のなかで、国が何の施策も示さずに学校に外国人児童・生徒に関する権限を全面委譲したなら、現在よりも条件の悪化する所も生じるだろう。この点、従来とは異なる議論が必要なのである。

重要なことなのであえて繰り返すが、これまでみてきた差は一概に責められない。この差をなくすとなると、えてして条件の悪い方にそろえられるのが一般だからである。特に行政上の組織は、下部機関になればなるほど、自由な裁量の余地は少なくなる。それでも踏み込んで下した結果として生じた差であるならば、その差は尊重されていい。しかし今日、良心的な自治体ほど苦悩は深まるばかりである。ことが次世代を担う子どもの教育という基本的人権に関わる問題だけに、国にはこのような差をもたらした原因と意味を問う責任がある。このことは、「地方教育行政の組織及び運営に関する法律」の存在意義にもかかわる問題ともいえる。

問われる「日本語・日本人」を前提とした教育

生徒の多様化により生じているこうした不合理は、これまでの日本の学校に暗黙のうちに二つの前提があったことと関係している。一つは、日本の学校は、日本人子女のための学校だという前提、二つは、それゆえに言語も当然、日本語のできる児童・生徒だという前提である。そして加えるならもう一つ、たしかに外国人も念頭にはあったが、それは戦前からの在日韓国・朝鮮人児童・生徒が前提になっていたことである。外国人といってもかれ／彼女らは、日本語が堪能だから、日本の学校が日本語のできる生徒を前提にしていたことに変わりはない。

いまこれらの前提が大きく揺らいでいる。グローバリゼーションによってアジア近隣諸国はもとより、遠く南米の日系人子女も日本で生活している。民族学校が多大な経費を必要とするとき、

「子どもの権利条約」や「国際人権規約」の精神に照らしても日本の公立校が、かれ／彼女らの教育を保障すべきである。外国人児童・生徒をこれまでの在日韓国・朝鮮人を前提に考えていたことが、結果として多様な外国人児童・生徒を切り捨てることになっている。

中国との交流が盛んになっているが、中国の学校は、地域にもよるが、通常は七歳入学、一六歳卒業と日本より一年遅い。中国帰国者はもとより仕事の関係で一六歳の子女を同伴することは多い。しかし現在の日本の学校規則では、このような子女を断っても法に違反したことにはならない。その結果、前にもみたように中卒の資格ももらえず、その後の人生に対し多大なハンディを負う子も多い。

今日、外国人児童・生徒の教育は恩恵ではなく権利と考えるのが国際条約の基本的精神である。将来を生きる子どもの学習権を保障することは、基本的人権そのものにも関わる。現在のような自治体の外国人児童・生徒の受け止めは、国際条約の精神にも違反している。政府や文部科学省は、いつまでも自治体任せにするのではなく、グローバリゼーションというこれからの不可避の国際的な趨勢をもふまえ、いっときも早く外国人児童・生徒の基本的人権を保障するよう対策を講ずるべきであろう。

Ⅱ章でもみたように、外国人が居住地を変える際、転入届で転出届を兼ねる現行法のもとでは、転入届を出さない児童・生徒のフォローは不可能になるが、このような外国人登録制度に起因する問題はもはや一自治体で対応できる範囲を超えている。ここでは、子どもを対象にみたので格差の内容は教育に限定したが、これに大人が直面している保険・医療関係等も含めれば、その差はさらに増し、いっそう一地方自治体の問題ではなくなる。

近年、明らかに外国人の性格が、労働者としての一時滞在者から、家族同伴の長期にわたる地域生活者へと変化していることを踏まえてであろう、地方自治体でも共生のための模索が活発化している。熱心なボランティアやＮＰＯにのみ任せるのではなく、自治体がこのような下からの運動を支援し、諸団体のネットワーク化を図り、進んで行政上の重要課題としている所が増えている。なかには、中部地方のニューカマーの多い自治体のように、隣接県、市（愛知県、岐阜県、三重県、名古屋市の三県一市）が連携する形で多文化共生のための連絡会を立ち上げた所もある。

既存の法への接木型か新法対応型か

このような新しい動きは、地域ごとの格差を薄める上でも効果があると思われる。しかし、これまでみてきたような格差の是正には、いみじくも前述した連絡会がその後、〇五年の一一月に、静岡県、群馬県をも加えて国に、「多文化共生社会の推進に関する要望」を提出したように、地方自治体だけではどうしても限界がある。やはり国が、近年の外国人の性格変化を見据え、さらにはこれからの開かれた国づくりの観点から、多文化共存のための施策をはっきり示すことである。

施策には、既存の法の延長で状況に合わせた対症療法的なものと新法での対応が考えられるが、本章でみたような地方ごとの日本人も含む格差は、人の移動のそれほど激しくない時代の施策を、各自治体が地方の状況に合わせてつぎはぎを重ねた結果であることを思うと、今日的状況と将来を踏まえた新法施行で対応する方が有効であろう。

つぎはぎ細工を重ねた末のおかしな例は、これまでみた夜間学級の開設根拠とされる二部授業という言い方である。戦後、学校施設にすらこと欠く時代、多くの地域で二部授業が行なわれていた。対象は、同じ小学生や中学生であり、かれ／彼女らを午前の部と午後の部に分け、二部制で教室運営を行なっていたのである。

しかし、現在の夜間中学の二部授業とは、同じ学生が想定されていない。昼とは完全に異なる生徒である。つぎはぎを繰り返しているうちに、初期の理念と実態とが乖離している例である。近年の人の移動には、新法で対応する以外ない。となると〇六年三月に、総務省が「多文化共生推進プログラム」を提言しているが、国の行政システムを総合的に点検する総務省だけではなく、外国人の入国、教育、生活、定住に直接関係する各所管の省・庁の日本人をも含む新しい人の流れに対する施策が、むしろ問われている。そうでない限り、例えば、多文化教育の施策において地方の教育委員会を動かすまでにはなかなかならないのではないだろうか。

〇六年五月下旬、〇五年末の外国人登録者数が公表された。外国人登録者は、三七年連続で増え続け、ついに二〇〇万人台を突破し二〇一万一五五五人となった。すでに〇四年末で一九七万人と二〇〇万人台に近づき、超過滞在者の二〇数万人を加えれば（最新の〇六年一月時点では二〇万人を切っている）、二〇〇万人台は超えていたが、正規分だけでも大台を突破したことになる。今後は、二五〇万人台、そして西欧社会並みに三〇〇万人台へと近づく日も遠からず訪れるに違いない。求められるのは、こうした事態を睨んだ長期とまでは行かなくとも中期の教育施策なのである。

海外研修の制度化を

私事にわたる体験で、この章を閉じることをお許しいただきたい。これまでも述べてきたように、本書執筆中、夏期休暇を利用してペルーとブラジルを訪問する機会を得た。

日本から南米には、直行便は出ていない。たいていの人がアメリカ経由で南米に向かう。アメリカ領空に入り、日系人もこのルートで来日しているのかと想像しつつトランジットの準備をしていると、いつしか機内も空港の言語もすべて英語とスペイン語にかわっていた。アメリカ南部は、南米に到着する前から始まる巨大なラテン文化の世界である。あらためて、アメリカのヒスパニック化とスペイン語圏の世界性を思い知らされた。

考えてみれば、現在の日本の小・中学校には、この世界的言語を話す子どもが大量に存在している。ポルトガル語もスペイン語と親類のような関係にある。これは大変な学校の財産ではないだろうか。学校によっては、早く日本の言語文化に慣れさせようと、校門をくぐった瞬間から母語を禁止している所もあるが、善意から出発していることはわかるが、これは失うものの多い方法である。

家庭で母語で生活していたかれ／彼女らにとって、母語で思考できないことは相当の重荷であろう。また、母語でなら説明できるのに、日本語ができないばかりに、自信を喪失させている子も多い。日本の子どもにも、周囲の空気を察知し、かれ／彼女らの能力を日本語のできいかんのみで判断する傾向を生んでいる。これが、子どもの世界のいじめにもなっている。日本語が話せない、発音がおかしいなど、かれ／彼女らの態度を日本語力だけで判断するのである。

日本で生きていく以上、日本語に習熟することは必要であるが、あまりにそれにこだわるとその他の能力まで否定することになりかねない。むしろ、母語を喪失しないよう、バイリンガルで指導することの方が重要である。日本語は、日本という空間でしか通用しないが、かれ／彼女らの言語は「世界的」である。かれ／彼女らに接触する人は、その理由も説明し、母語を喪失しないよう指導することの方が、はるかにかれ／彼女らの誇りと能力を引き出す上でも重要である。

学校は、外国人の子どもに早く日本語を習得させる以上に、日本語が話せないで自信を失いつつあるこれらの子どもに、母語がいかに重要な言語であるのか、日本語と同じく母語の力を落とさないよう、世界的な視点にたった指導をすべきである。また日本の児童・生徒にも、かれ／彼女らの母語がどれほど世界的な言語であるかを教え、興味のある子は、休み時間にかれ／彼女らからさまざまな言葉を学ぶよう助言するのもよい。こうしただけでも日本の子どもたちから、日本語が話せないかれ／彼女らを馬鹿にする空気は、一掃されるだろう。

中国語もしかりである。これからの二一世紀、東アジア共同体やアセアン・プラス・スリー等が真剣に模索される時代、中国語は欠かせぬ言語である。このような言語能力を身につけているかれ／彼女らを、否定することで成り立つ日本の学校や教育界の方が、はるかにマイナーな国であり、後れをとっている。マイノリティにとって生きる力とは、マジョリティと同じ教育ではないはずである。日本の教育界は、もう少しバイリンガル教育に配慮すべきである。

このバイリンガル教育という点でも、イギリスの教育界は一つのヒントを与えてくれる。今日イギリスの公立校も「多文化」化が進行しているが、学校では、エスニシティの多い国の言語を公教育のなかで教授し、他の科目同様にGCSE試験（一般中等教育修了資格）を課し、資格を授与することができる。一九八八年の教育改革以降、主要科目が指定され、中核科目（数学、英語、科学）や基本科目（歴史、地理、体育、音楽、技術、美術、外国語、情報、市民権等）はどの学校でも教えなければならなくなったが、八〇%以上をナショナル・カリキュラムに割いても残り時間で地域や学校独自の生徒に配慮した教育は可能である。

学習指導要領のないイギリスと、日本をいきなり比較するのは慎重でなければならないが、地域社会の「多文化」化が進んでいる学校に、特区のような例外を認めるより、各地域の独自性を加味したカリキュラムづくりが可能なようにした方が、より普遍性に富み、効果的でもあろう。「多文化」化、多民族化は、日本でももはや押し留められない所にまできているのである。

これまで何となくかれ／彼女らの言語の世界性にこだわった言い方をしたかもしれないが、基本はマイナーな言語を話す子どもへの対応も同じである。ここにいう世界性とは、自分の国の文化のみを基準にした奪文化主義から脱却した広い視圏という意味での世界性である。あるいは、どんな言語であれバイリンガルになれる（である）状態それ自体が、未来を生きる上で巨大な財産だということである。

こうしたいま日本や世界の置かれている状況を認識するためにも、外国人児童・生徒の多い自治体は、休暇を利用して、教員を、あるいは平の教員に影響ある管理職の人を、直接、短期でもいいから海外研修に出すべきである。百聞は一見にしかず、日本語習得のみに関心を抱いていた自分たちの偏狭さを身をもって知らされるだろう。繰り返すがこれは、言語の大小に関わらない外国人児童・生徒指導の本質に関わる問題だと思う。学校の国際化は、子どもたちの母語を積極的に受け止めるところから始まり、子どもたちもまた、母語が肯定されることによって自信をもち、学習活動にも積極的になれるのではないだろうか。

Ⅴ章　教育システムの改革に向けて
——オールドカマーとニューカマーへの対応をめぐって

「曲がり角」にたつ日本の教育システム

毎年八月に前年度の不登校の生徒数が公表される。二〇〇三年八月は、一九七五年以来、年々増加していた長期欠席者がはじめて減少して注目されたが、二〇〇五年八月も不登校を理由とした長期欠席者は、一二万三〇〇〇人と前年度よりさらに二九〇九人減り（〇四年は前年より五〇四〇人減）、〇三年、〇四年に引き続き三年連続の減少となった。文部科学省は、これはスクール・カウンセラーや家庭訪問等の積極的な取り組みが奏功した結果と評価している。不登校を理由とした長期欠席者が減少することは、それなりに評価できるが、下がったといっても小・中学校児童・生徒全体で一二万人強であり、これは五〇〇人規模の学校数にして二五〇校分に相当するから、依然として高いことに変わりはない。

一方、外国人児童・生徒の不就学が問題とされて久しい。これに関しては、残念ながら全国的なデータすらとられていない。外国人児童・生徒は、日本の学校への「就学の義務はない」から、統計をとらなくともいいと考えているのかもしれない。したがって推測の域を出ないが、総務省行政評価局の指摘では、二〇〇一年の時点で外国籍学齢児童・生徒約一〇万六〇〇〇人中、義務教育諸学校に在籍している者約六万八〇〇〇人、各種学校在籍者二万六〇〇〇人とみており、どの学校にも通っていない者は、結構多いとみている。しかも、ここにいう各種学校の実態は、オールドカマーが主と思われるので、十分な教育を受けていないニューカマーの児童・生徒は、相当数にのぼると推測される。

この場合、同じ不登校でも外国人と日本人を同列に扱うことはできないだろう。このところ筆者がいくつかの区市町村の教育委員会を訪れて感じるのは、外国人児童・生徒の場合、構造的に就学が排除されていること、日本語力が十分にケアされていないため、学校の授業についていけないこと、また、家庭内の文化と学校の文化が異なり、生徒が多くの葛藤を抱いているにもかかわらず、学校なり教員の理解が欠如していることなどがある。これらは、日本の児童・生徒の不登校の理由には少ないだろう。

しかし共通のものもある。それは、多文化といえば外国人児童・生徒の問題と考えているが、日本の児童・生徒の間でも価値の多様化、多個性化が進んでいるにもかかわらず、すべてを同質的に扱おうとする日本の学校文化の問題である。すなわち現在においてもなお学校は、外国人児童・生徒も含めて同化教育が強いことである。日本人の児童・生徒も外国籍のも、いま共通にこの問題に直面している。

ところで、同じ不登校になっても日本の児童・生徒と外国人児童・生徒では、対応が異なる。日本の児童・生徒は、学校に来られるようになるまで待たれる。しかし、外国人児童・生徒は、自治体によっては日本人と同じ扱いをする所もあるが、短い所では不登校が二〜三カ月続くと除籍にする所もある。そのときの理由は、外国人児童・生徒の日本の学校への就学は「義務ではない」という言説である。たしかに日本の学校を辞めても民族学校に学ぶ機会を得た者は、それでもよいが、なかには授業料、通学条件等の問題から民族学校からすら遠ざかる者も少なくない。その結果、いっさいの学ぶ機会を奪われた不就学の状況に追い込まれている。ここでは主に、外国人児童・生徒の不就学に焦点を当てるが、なぜかれ／彼女らの学ぶ権利が軽んじられているのだろうか。

生き続ける戦争直後の特殊な教育体制

今日、成人や子どもの教育・学習をめぐっては、人間の生存にとって不可欠な基本的人権にかかわる問題として捉える立場が主流である。すでにユネスコでは、一九八五年に成人の「学習権宣言」がなされ、学ぶ権利が成人の生存にとって不可欠な人権の問題として捉えられている。一方、児童・生徒の教育に関しても「子どもの権利条約」や社会的、市民的権利に関する一連の国際条約が、教育を受ける権利を基本的な人権の問題として捉えている。この点、日本では、かくも国際化が進み、外国人児童・生徒が増大しているにもかかわらず、教育に関する世界の趨勢と方向が逆である。外国人児童・生徒の学習や教育への権利は、なぜ権利として確立しにくいのか、まずはその辺から探っておこう。

はじめに結論的なことから述べておくなら、この背景には二つの理由がある。一つは、戦後の教育に大きな影響を与えている「憲法」や「教育基本法」にいう教育の権利や義務が、狭く「国民固有の権利・義務」と解釈されていること、二つは、この解釈を受ける形で、戦後、在日韓国・朝鮮人の児童・生徒が、教育への固有の権利から排除されていったことである。そして付け加えるならば、後者の実態が、前者の解釈に支えられる形で、その後の多様な外国人児童・生徒を不就学に追い込みながらも、問題視されないような状況が広範に生み出されていったところに今日的な問題がある。

在日朝鮮人児童・生徒が、どのような形で日本の教育界から排除されていったかを瞥見すれば、日本「国民」へ就学義務が定められたのは、一九四六年の前述した「日本国憲法」二六条や翌年三月に公布・施行された「教育基本法」四（現五）条の「教育を受ける権利」「教育を受けさせる義務」によってである。いま、あえて「憲法」や「教育基本法」の制定時期にふれたのは、この時点ではまだ、在日朝鮮人の国籍は決定していなかった。

戦後間もない一九四五年一二月五日の「衆院選挙法改正委員会」で、旧植民地出身者の選挙法が議論されたとき、ある大臣は、「内地に在留する朝鮮人に対しては、日本国籍を選択しうることになるのが、これまでの例であり、今度もおそらくそうなると考えています」と諸外国の例を出して答えている。また、アメリカの関係者も「事情が許せば、朝鮮人は日本または朝鮮のいずれかの市民権を選ぶのかの、明確な選択権が与えられるであろう」と述べている（田中編『在日コリアン権利宣言』）。

たしかに一九四七年五月二日、日本国憲法施行の前日に「外国人登録令」が施行され、「朝鮮人は当分の間これを外国人とみなす」としたが、これは、結論が出るまでの「当分の間」ということで、当時は検討中であり、外国人とは結論付けていなかった。サンフランシスコ平和条約発効以前の段階では、「法的には……植民地支配は継続していることになる」ため、「朝鮮人は引き続き日本人である」状態だった（全国在日朝鮮人［外国人］教育研究協議会『在日外国人教育Q&A』）。

このようなあいまいな存在を反映してであろう、政府が、在日朝鮮人児童・生徒に日本の学校での就学を義務づけた時期がある。四七年四月一二日に「朝鮮人児童の就学義務について」（文部省学校教育局長回答）で、朝鮮人児童・生徒に日本の学校への就学義務を課す一方、「朝鮮人子弟の学校」も「各種学校」として許可した。日本の学校への就学のねらいが、同化教育の徹底にあったとはいえ、四月といえば、「教育基本法」が施行された翌月であるから、在日朝鮮人をいかに扱うか腐心もしていたのである。

政府が、はっきりと在日朝鮮人を外国人とみなすのは、よく指摘される通り一九五二年のサンフランシスコ平和条約により、在日朝鮮人が「日本国籍を有する者」から「日本国籍から離脱する者」に変わったことによってである。さっそく文部省は、一九五三年二月「朝鮮人の義務教育諸学校への就学について」（初等中等局長通達）を出し、日本国籍でない者に義務教育を施す必要はないとし、たとえ「外国人を好意的に公立の義務教育学校に入学させ」ても「義務教育無償の原則は適用されない」としたのである。すなわち前述した憲法二六条二項の「義務教育は、これを無償とする」を、外国人には適用しないとしたのである。

このように外国人に、日本の学校への就学を義務づけない解釈が、実体として適用されていったのは、在日朝鮮人が国籍を剥奪される過程においてである。しかし、このときの在日朝鮮人が、どのような存在かといえば、いっときも早く祖国に帰国すること、外国人のまま長期にわたり日本に滞在し続けることは、日本政府のはじめから望まぬところだった。いわばかれ／彼女らの外国人としての滞在は、一時的な例外的存在としてしかみなされなかったのである。そのかれ／彼女らが前提となって運用された施策が、今日の外国人児童・生徒の増加、多様化、流動化のさなかにも生きているところに問題の根源がある。

今日、多くの外国人児童・生徒が日本の学校で学んでいるが、かれ／彼女らの就学を議論するとき、学校現場で「憲法」や「教育基本法」の既述の解釈の運用されていった特殊な歴史的経過はどれほど意識されているのだろうか。外国人児童・生徒を重荷に感じるときは、もともとかれ／彼女らには、「就学義務はない」という言説だけが、当時の歴史的な状況を抜きに独り歩きしているのではないだろうか。これは、まさに外国人児童・生徒が、不就学へと追い込まれる制度や「構造」

にかかわる問題である。

「恩恵」から「権利」へ

このとき決定され、その後、今日の外国人児童・生徒にも大きな影響を与えているのは、これだけではない。それは日本の学校を望む朝鮮人に、「就学義務はないが、『日本の法令を遵守』することを条件」に「入学許可を出し、誓約書を提出させる」ことにしたことである。その誓約書には、「入学の上は日本の法律を遵守し、その子女の教育に必要な諸経費については、絶対に迷惑をかけず、学校の指示に従います。誓約に違反したときは、退学させられても異議はありません」とある。これは現在でも、外国人が集住している自治体において保護者に校則などの遵守事項にサインをさせ、「約束が守れないときは受け入れることができません」などと誓約書を提出させる際の原型になっている。

しかもこの在日への「義務教育無償」原則の非適用は、一九六五年六月の「日韓法的地位協定」で、永住を許可された児童・生徒が、日本の公立小・中学校への入学を希望し、中学校卒業後も上級学校への入学を希望した場合には、入学資格を認めることが承認されるまで有効であった。

すなわち「地位協定」ではじめて法的に、永住を許可された学齢相当の子女の保護者が、公立の「小学校または中学校に入学させることを希望する場合には、市町村の教育委員会は、その入学を認めること」、その入学希望の保護者に「入学の申請をさせ」「入学期日を通知すること」「授業料は徴収しないものとすること」「教科用図書の無償措置の対象とするものとすること」等が決まったのである。それ以前は、国は自治体や学校の慣例任せであった。

また先の通達（「朝鮮人の義務教育諸学校への就学について」）による、日本の学校への入学が、「好意的」にして「恩恵的」なものとの方針は、一九九一年一月の日韓覚書の交換（就学案内を出すようになった文部省初等中等教育局長通知）まで有効であった。この「通知」において文部省は、「公立の義務教育諸学校への入学を希望する在日韓国人がその機会を逸することがないように、学校教育法施行令第五条第一項の就学予定者に相当する年齢の子女の保護者に対し、入学に関する事項を記載した案内を発給すること」とし、在日韓国人以外の外国人についても同通知においてこれに準じた取り扱いとするよう、都道府県教育委員会を指導することにしたのである。

一九九一年といえば、中国帰国生、ベトナム難民、さらに日系南米人に代表されるニューカマーの児童・生徒が続々と日本の学校に登場し始めた時期である。文部省は、オールドカマーを含めこれらの生徒の教育を受ける権利を保障するための立法措置を取るのではなく、もともと帰国の期待されていた児童・生徒との関係で決められた規定の延長上で対応しようとしている。日本で外国人児童・生徒の教育が、今日の多くの国際条約の精神である「権利」ではなく、「恩恵的なもの」との認識が、在日韓国・朝鮮人を通りこして、ニューカマーの子どもにまで浸透しているのもこのことと無縁ではないだろう。

前述したように外国人の児童・生徒が不登校になると、期間の長短はあってもやがて除籍にされる。学校によっては、わざわざ「欠席が続く場合、除籍になっても異議はありません」という誓約書までとる所もあるが、かくも外国人児童・生徒の不登校に神経質なのは、たしかに、学級に占める外国人の数により加配等の手当てが異なること、学級編成にも支障をきたすことなどの理由である。新学期全校生徒八一人、三学級でスタートしたが、途中、三人の転出があり、基準にしたがうなら二学級編成にしなければならないこともおきる。しかし、外国人の多い学校では、また八一人を超過することもあり、それだけに学年途上での学級編成の変更には慎重さが求められている。教育委員会も学級編成は、あくまでも新学期のを基本としている。

むしろ学校側が強調するいくつかの理由は、教育を受ける「権利」の重さからすれば、二義的なものであり、これらの理由で排除するのは、外国人児童・生徒の日本の学校での教育が、依然として「権利」ではなく「恩恵」との観念が強いからである。在日朝鮮人の日本の学校への就学問題が、「トラウマ」のごとく作用し、ニューカマーの子どもの扱いにも深い影を落としているように思われる。

「同化」教育の限界

そして「恩恵」なのだから、かれ／彼女らの「文化」も考慮する必要はないという同化教育とこれがセットになっている。いまなお根強い同化教育の歴史も、在日朝鮮人がらみで捉えておく必要がある。

例えば前述の「日韓法的地位協定」を、在日の児童・生徒に日本の学校を開く上での転機とみたが、そこでは同時に「朝鮮人のみを収容する教育施設の取り扱いについて」（文部次官通達）が出され、「教育課程の編成、実施について特別の取扱い」をしてはならないことが確認されている。これは公立の学校では、朝鮮語や朝鮮文化の教育をしてはならないという「民族教育」の否定である。しかも朝鮮人学校は、もっぱら朝鮮人としての民族教育を行っているので各種学校としても認可しないとしたが、この同化教育の精神は、その後の外国人教育一般にも一貫してみられることである。

ちなみに大検は、二〇〇〇年八月まで、日本の中学校卒業が受験資格だった。大学そのものの受験ではなく、受験資格に関する大検の受験にすら日本の中学校卒業を課すなかにも、在日韓国・朝鮮人の児童・生徒が念頭にあったことを髣髴させる。何としても民族学校経由での大学へのアクセスを防ぎたいのである。そのため、新たな不合理も生まれている。

専修学校制度は、一九七五年から開始され、その後高等課程ができて大学受験資格が認められるようになった。しかし、もともと一条校ではないので、学習指導要領はない。そのため認可の基準に、就学期間が三年以上で総授業数二五九〇時間、そのなかに四二〇時間の教養科目を含むことが条件とされた。学習指導要領の課されない専修学校を救済するために、総授業時間という新たな基準がもち出されたのである。これらの基準を、在日朝鮮人学校がクリアしていることはいうまでもない。そこで専修学校にも、「外国人を専ら対象とするものは除く」という一文が設けられている

（田中「民族学校が直面する問題」『ＲＡＩＫ通信』第八五号）。要するにこれは、一方では国際化をうたいながら、他方では、今日においても依然として民族教育はだめで、同化以外の教育は認めないということである。

このように同化教育以外は認めず、「異民族」の存在それ自体を問題視する日本政府の方針は、戦後二〇年たち、政府が当初期待したほど在日韓国・朝鮮人が帰国も帰化もしないことをいかんとする一九六五年七月、内閣調査室の「調査月報」の文書にいかんなく表れている。そこには、外国人を異なったありのままの文化の担い手として社会に「統合」しようとする姿勢はなく、それが今日まで続いている。

「わが国に永住する異民族が、いつまでも異民族としてとどまることは、一種の少数民族として将来困難深刻な社会問題となることは明らかである。彼我双方の将来における生活と安定のために、これらの人たちに対する同化政策が強調されるゆえんである。すなわち大いに帰化してもらうことである。帰化人そのものは、たとえば半日本人として日韓双方の人から白い眼でみられることもあり、大いに悩むであろう。しかし、二世、三世と先にいくに従って全く問題ではなくなる。……国家百年の大計のため、また治安問題としても、帰化を大々的に認めるとか、彼らの民生安定のための思い切った措置を取るとか、大乗的見地に立脚した政策が必要である。ここでも南北のいずれを問わず彼らの行う在日の子弟に対する民族教育に対する対策が早急に確立されなければならないということができる」（内閣調査室『調査月報』一九六五年七月号）。

この文書は、外国人として滞在することを、「異民族」としてとどまることとみなし、それを深刻な社会問題と捉えていること、「異民族」は少数民族であり、国内に少数民族が存在すること自体、治安対策上好ましくないこと、帰化することは一時的にすら「半日本人」になること、さらに民族教育を問題視しそれに対する早急な対策が必要であることなどを訴えている点で、政府の外国人や少数民族、帰化、民族教育に対する基本姿勢をみる点で重要な文書である。

一九六五年七月発行といえば、日韓条約の締結交渉最中に書かれたものと思われる（日韓条約の調印は六月）。その最中ですら、なぜ韓国・朝鮮人が依然として外国人のまま日本に滞在せざるをえないのか、その上でかれ／彼女の教育は、いかにあらねばならないのかはほとんど考量されていない。また六五年には、アメリカではアファーマティブ・アクションが行なわれ、それが世界的に影響を与え、イギリスでも最初の「人種関係法」が施行された年である。同時にこの年には、国連でも「人種差別撤廃条約」が採択されている。日本という社会は、教育や文化の施策に関し世界の趨勢とあまり関係しないところで動いていると述べたが、それはこのことからもわかる。「人種差別撤廃条約」が、日本で批准されるまでに三〇年かかったのも当然かもしれない（日本の批准は、一九九五年）。

その「人種差別撤廃委員会」は、その後直ちに「政府は韓国・朝鮮人を自由権規約第二七条のマイノリティとして承認しているのか」「一〇〇万人近い人口をもつ韓国・朝鮮人に対し、なぜマイノリティ・ステイタスを含む様々な状態を明確にする法律を制定しないのか」「他の多くの国では、この人口規模のマイノリティに対して普通行なっているのに、なぜ日本の教育システムのなかに朝鮮語クラス、二言語クラスが存在しないのか」「マイノリティの権利は、言語や教育の面でより広く認められ、在日韓国・朝鮮人を取り巻く現状下で、二言語教育を受ける権利の保障が非常に重要」だとして同化教育を厳しく批判している。

これに対して日本の政府代表は、「日本の初等教育の目的」が、「日本国民」を「そのコミュニティのメンバーとなるよう教育することにある」ので、外国人児童・生徒に日本の義務教育を「強制することはできない」と答えているが（岡本「文部省の国際人権条約違反」『RAIK通信』、第七八号）、後段の「強制」云々はともかく前段の主張は、この六五年段階の教育の理念どころか、外国人といえば在日朝鮮人が主な、敗戦直後の教育理念とほとんど変わっていないことを物語る。しかも後段の主張も、日本「国民」としての自覚のない人を排除するのなら、教育の基本そのものにもかかわる問題といえるだろう。

こうしてみると、日本の学校は、外国人児童・生徒に対して、その文化を尊重しつつ教育することを、一貫して採用してこなかった国である。かろうじて考慮してもその下敷きになっている規定が、日本と韓国・朝鮮という戦前からの特殊な関係にある国の児童・生徒との関係に過ぎないことは、八〇年代以降、各地の学校で急速に進行した外国人児童・生徒の多様化、流動化に対してなんらの対策も講じてこなかったに等しい。在日韓国・朝鮮人の教育に対して真剣な取り組みをしなかったことが、今日のニューカマーの子どもたちの政策にも重石のようにふりかかり、外国人児童・

生徒排除の原因になっている。

「不就学」とは、「学習する権利」そのものが奪われている状態のことである。外国籍の子に日本の学校への関心が薄いとすれば、日本語とは異なる言語、異なる文化で思考・表現する能力が形成されているからなのに、それを評価する教育が日本の学校でなされていないのである。日本語、日本文化のみを基準にする同化教育から、多様な能力を見抜き、育む多文化的な教育施策への転換がいま求められている。しかもこれは、不登校の危機にいつも脅かされている日本の児童・生徒にとっても意義あるものである。

外国人児童・生徒の学習権保障に独自の規定を

いま、ニューカマーにはなんの対策も講じていないと述べたが、その一端は、外国人児童・生徒の編入学問題からもわかる。前にもみたが、外国人といってもこれまでの就学規定だと、国（地域）により義務教育の年数のみを定め小学校と中学校の区別がなかったり、小学校の就学年齢の異なる国の出身者は排除されかねない。

現に中国東北部出身者のように、小学校就学年齢が何らかの理由で九歳や一〇歳の者は、日本の中学校在籍年齢の一五歳を超えることも多い。本来は、外国人児童・生徒の就学の権利を保障するためには、何らかの特別な処置が必要なのに、前述した在日朝鮮人への就学に関する処置や「子どもの権利条約」等の精神の尊重程度ですませているところに、多様な外国人児童・生徒を切り捨てる構造がある。

日本の児童・生徒に関しては、例えば不登校になっても一九九二年の文部省初等中等教育局長「通知」において、「学校外の施設」で「相談・指導を受け」ても「そのことが当該児童の学校復帰のために適切」と校長が判断した場合には、「一定の条件を充たす」限り「指導要録上出席扱い」にできるよう改められた（『解説　教育六法』）。「一定の条件」には、保護者と学校との協力関係の維持、適応指導教室等の公的機関と当該施設での相談・指導であるが、近所に適切な公的機関がない場合は、民間の相談・指導施設も考慮の対象にされている（就学事務研究会『就学事務ハンドブック』）。これは、不登校児童・生徒が年々増え続けるなかで、たとえ学校以外の施設でも教室に復帰しようとする努力は評価し、かつ学習する権利を擁護・保障しようとする表れである。

外国人児童・生徒のなかにも、例えば日系ブラジル人などには、学校には行けないけれど地域の学習室に通っている者もいる。学校に行かないからといって切り捨てるのではなく、このような地域学習室に通っている子どもの活動も積極的に受け止め、学校とのつながりに生かしていくことも、いまや外国人児童・生徒の不就学をなくす上で必要な時期にきている。

外国人児童・生徒の不登校が大きな社会問題になっているおり、日本の子どもに向けられた配慮と同じ視点がかれ／彼女らにも求められている。日本人と同じく学校に行けない子を、義務ではないからといって切り捨てるいわれはないと思われる。文部科学省策定の子どもの居場所プラン関連にしても、日本の児童・生徒の居場所は念頭にあっても、マイノリティの居場所にまではなかなか目が行き届かないだけに（矢野「アジア系マイノリティの子ども・若者の居場所づくり」）、こうした既存の地域サポート室から自治体が支援をしていく必要もある。

国際機関からの指摘

こうして、現在の外国人児童・生徒の不就学に、戦後間もない外国人児童・生徒の少ない時期の、しかも「憲法」や「教育基本法」の「国民」に積極的な意味があるのも、主権在民としての「国民」なのに、それを権利・義務関係でも狭く解釈したまま在日朝鮮人に運用していった一連の規則、通知の存在が明らかになったが、日本の学校への就学が「義務ではない」にしても、教育を受けるのが、決して「恩恵」ではなく、「権利」であることをしっかり踏まえて外国人児童・生徒の教育活動を支援していくにはどうすればいいのだろう。

まず重要なのは、資金の支援であり、それには二つある。一つは、外国人学校を国庫助成の対象にすることであり、それが不可能でも寄付金に対する免税措置をとることである。一は、在日朝鮮人学校や南米系学校を一条校や専修学校に認めていない現時点では、国庫助成は困難かもしれない。そのため、在日朝鮮人学校は地方自治体独自の補助金に頼らざるを得ないが、一条校の学校と比較してその額は、数十分の一に過ぎないし、自治体によって金額にもかなりの差がある。そのため、朝鮮人学校の教員は、若い、親と同居している人でないと生活が成り立たないといわれている。国庫助成に一条校の壁があるのなら、自治体の補助金を少しでも一般の私立校並みに近づけることである。

朝鮮人学校に関しては、近年、在日の人々からも批判があるのは事実である。それは、言葉の本来の意味で「民族学校」なのかとの疑問からである。朝鮮半島の言語や文化を伝える以上に、特定の政治集団の思想、イデオロギーを伝えているのではないかとの懸念である。そこで、朝鮮人学校を真の「民族学校」にするために、朝鮮総連の影響下からの脱却を説く人もいる。しかし、文部科学省が一条校に準じる扱いをしないのは、こうした理由からではない。よしんば総連の影響から脱却しても、歴史的ないきさつや国民教育としての原理からして認めないであろう。

またブラジル人等の学校は、各種学校になるのですら現時点では困難である。これは、校地や校舎等に関して国の基準が厳しく、もともと古い倉庫などを利用しているニューカマーの学校にとっては、ハードルがきつ過ぎるからである。その後二〇〇四年六月に校地や校舎以外のその他の施設を借用していても申請可能に条件が緩和されると、外国人集住都市を含む県が、独自に各種学校の認定に乗り出し、その基準に合格するニューカマーの学校が生まれつつあることは一歩前進である。この場合、複数の県にまたがる同一系列の学校にとっては、特定の県のみで許可されてもメリットは半減するので、このような学校を有する自治体が等しく取り組むこと、また自治体の規則に詳しい人物が経営に参加しているとは限らないので、母語でも自治体の基準が、紹介・解説され、申請しやすい工夫も必要である。

ブラジル人学校の動向に詳しいイシカワ・エウニセ・アケミ氏によると、海外でブラジル人学校を同政府が認可したのは、日本が最初のケースという。ブラジルは、日本のみならず隣国パラグアイや北米にも多くの労働者を送り出しているが、ほとんどが現地校で教育させている。この背景には、言語的な壁が日本より低いとか、スペイン語や英語のような世界的により話者の多い国である等も関係していようが、本来は、日本でも合法的な就労者であることからしてもこのような児童・生徒は、公立校が受け止めるべきである。さらにもしかれ／彼女らが、日本の公立校で学んでいれば、それなりの予算措置をしなければならず、その肩代わりをしているのが、ブラジル人学校であることを考えても、何の支援もしない現状は早急に改善される必要がある。

二つ目の寄付金の免税措置は、やる気の問題である。二〇〇三年九月文部科学省は、公的機関等の承認を得ているインターナショナル等の学校に大学受験資格を与えた。承知のように在日朝鮮人学校は除外されたが、これについてはその後多くの言及がなされているのでふれない。むしろここで注目しておきたいのは、これらの決定作業で図らずも外国人学校への補助金はもとより、寄付金の扱いまで種々差のあることが明るみになったことだろう。

文部科学省は、大学受験資格と同時にインターナショナル・スクールを特定公益増進法人に認め、寄付金に対する免税措置をとったが、ここでも在日朝鮮人学校や南米系の学校は、除外された。特定公益増進法人とは、「公共法人、公益法人等その他特別の法律により設立された法人のうち、教育または科学の振興、文化の向上、社会福祉への貢献その他公益の増進に著しく寄与する」法人のことであり、学校等の場合は、「私立学校法第三条に規定する学校法人で一定のものなど」となっている。

今日、在日朝鮮人学校やインターナショナル・スクールの多くは、学校法人としての資格をもっている。しかし文部科学省は、同じ外国人学校に対しても新たな差を設け、インターナショナル・スクール等で学ぶ親が、「外交」「公用」「投資・経営」または「家族滞在」の在留資格をもつ子どもたちの教育機関にのみ、税制上の優遇措置を認めた。公的な国家の補助金もない外国人学校にとり、唯一の財源は父母の授業料と寄付金である。この寄付金にも、父母の在留資格で子どもの教育機関に差をもうけたのである。これは明らかに、父母の資格に関係なく子の教育は保障されなければならないとする一連の国際条約の精神に反するものであり、新しい差別を作り出すものである。

在日朝鮮人学校や南米系の学校は、国際化の著しい時代にあって、種々の文化を伝える重要な貢献をしているはずである。しかし前者は、日本政府が外国人学校の大学受験資格を見直したとき、公的機関の承認を理由に、後者は、ブラジル政府の認めている小・中学校が二五校、高等学校を含めると一三校あったが、就学年数が日本の一二年に一年満たないため除外された。その後、ブラジル人学校に関しては、一年の補習校での学習を経れば受験資格は認められることになったが、ブラジル人学校に詳しい研究者によると、日系人がどれほど日本の大学に行くかは疑問という。この決定はたぶんに象徴的な意味しかもたないようだが、それはともかく大学受験資格と特定公益増進法人の可否の問題は、別次元の問題である。

国連の人権条約履行監視委員会である「社会権規約委員会」は、二〇〇一年八月三〇日の最終見解において、「委員会は、それが国の教育課程に従っている状況においては、締約国が少数者の学校、特に在日韓国・朝鮮人の人々の民族学校を公式に認め、それにより、これらの学校は補助金その他の財政的援助を受けられるようにし、また、これらの学校の卒業資格を大学入学資格と認めることを勧告する」と述べている（師岡「すべての民族学校に大学入学資格を」『ＲＡＩＫ通信』、第八二号）。

この時点ですでに「社会権規約委員会」は、「公的機関の承認」ではなく、「国の教育課程に従っている状況においては」「民族学校を公式に」学校として認め、「補助金その他の財政的援助を受けられる」ようにすべきであるともっともな指摘をしている。南米系の学校と朝鮮人学校を同列にできないにしても、政府の対応が先取りして批判されているのである。

その後、国連の人権委員会は、〇五年七月ドゥドゥ・ディエン氏の訪日、聞き取り調査に基づく報告書を公表し、日本社会に根深く残る広範なマイノリティの差別状況を指弾しつつ、朝鮮人学校に関しても大学受験資格や寄付金に対する差別的待遇の改善を勧告している。

教科としての「日本語科」の設置とバイリンガル教育

これまでは、在日韓国・朝鮮人児童・生徒とニューカマーの児童・生徒に共通する問題を中心にみてきた。これは、教育界でのニューカマーへの対応が、ほとんどオールドカマーへの貧弱な施策の延長上でしか考えられていないことをはっきりさせたかったからである。ニューカマーの教育問題をみるためには、オールドカマーが直面している問題の根源を見据える必要がある。

とはいえ、ニューカマー独自の問題も少なくない。その一つに日本語教育をめぐる問題がある。それは、日本語を現在の教育課程に正式科目として加え、日本語を教員免許科目に加えることである。そして小・中・高・大学へと日本語教育をつなげていくことである。

これまで、日本に外国人児童・生徒が本格的に登場して二〇年にもなるのに、日本語の体系的な学習がなされていない。その最大の理由は、日本語学習の系統的なシステムが開発されていないことである。つまり自分の名前や挨拶等に関する初期段階から教科学習、専門科目学習へ、個別的経験の世界から言語的表現の段階へ、具象的世界から普遍的・抽象的思考の世界へと学習を深化させていく教授方法が、テキストを含め確立していないのである。文部科学省は、数年前からこの反省を踏まえてＪＳＬ（第二言語としての日本語）の開発に取り組んでいるが、現時点で出ているのは小学校段階までである。これを中学校段階へと発展させていくこと、さらに日常生活言語から学習思考言語へと向上させる上で重要なのは、高等学校段階なので高等教育機関も含めた教授法、体制作りが急務である。

そのためには、日本語科を教育課程のなかに含め教員資格として位置づけ、生徒が受講したら単位取得、評価の対象に加えていく必要がある。以前、高校国語は、基礎的・基本的な「国語一」とより発展的な「国語二」に分かれ、多くは、「国語一」を日本語に振り替えるなどで対応していたが、こうなると日本語の評価は「国語一」で行なわれる。一度も「国語一」は習っていないのに、評価がなされるのである（二〇〇四年度より国語一、二は、「国語総合」と改められたが、やりかたの基本は変わらない）。こうした科目の不整合をなくす上でも、日本語を教科科目として設け、その評価が行なわれるようにした方が生徒の日本語力をきちんと判定し、対策を講ずる上でもいい。日本語科目を全国レベルで実践するのが、非現実的だとすれば、教育特区の構想を生かして外国人児童・生徒の多い自治体から始めてみてはどうだろう。

この問題と関連して、日本語を教える国際教室は、中学校までであり、制度的には高校にはないが、前述した通り、高校でも大学でも日本語の学習は継続すべきである。中学校時代に学んだ日本語力が日常生活言語から学習思考言語に深まるのが高校時代であることを思うと、高校でこそ日本語の本格的な学習が必要であり、同じ境遇にある生徒どうしが本音で語り合うためには国際教室も必要である。

しかしこれらのことは、日本語一点張りの教育を実践しようというのではない。すでに多くの事例が、教育達成能力には、母語が深く関わっていることを明らかにしている。母語の確立している子はもとより、形成途上の子も、ものの知覚や認知、抽象的能力等、思考能力そのものが母語との関係で形成されている。ところが学校のなかには、早く日本語を習得させようとするあまり、母語で話すことを禁止したり、抑制する所も少なくない。これだと思考能力そのものの破壊になりかねない。

民族教育を在日の子どもがらみで否定してきた日本の教育界には、母語が子どもの能力を引き出す上で重要なこと、母語が、子どもの多様な能力開花に深く影響している認識が欠けている。すなわち外国人児童・生徒の能力を高める上で、バイリンガル教育の重要性についての洞察が希薄である。もし日本語教育すら体系的になされていない状況の下で、母語に基づく教育が困難というのであれば、教員免状にこだわらず、資格のある地域ボランティアや外国人教員の採用も含め、不十分ながらも教育特区構想を逆手にとって、外国人集住地域から母語保障を含める形で日本の教育界を変えていくことも重要である。

「総合的な学習」は、こうした地域性を生かす上で教育課程に制度化されている貴重なものだが、このところ、ゆとり教育が学力低下の元凶とされるにつれて、受験科目や英語教育に取って代わられつつあるのは、残念なことである。

たしかに主要科目に準じる時間が与えられながらも、教科としての体系性・系統性が一律の尺度では測りにくく、現場の教員の評判も芳しくなかったが、このような課程がないと、イギリスと異なり学習指導要領の縛りのある日本では、科目以外の教授は不可能になる。地域の「多文化」化、多民族化を認めないのは、総合的な学習のような既存の知的体系と異なるものは認めない狭い国民の教育観、市民観にもよる。これは、日本人の異文化リテラシィの問題といってもよい。

プレスクールの制度化と学校ソーシャルワーカーの連携

加えて、ニューカマー児童・生徒の不就学に対する独自の対応の必要性である。自治体によっては、すでにニューカマーの不就学問題を重く受け止め、調査を試みている所もある。例えば群馬県大泉町では、六〇〇人以上の南米系児童・生徒を対象に二〇〇二年に調査を試み、日本の公立学校に通う者五〇%、ブラジル政府の認可校と非認可校の塾に在籍する者、それぞれ約一〇%、託児所約二%、転出や帰国した者、約二五%、いっさいの就学機会をもたない者、約四%と報告している(『広報　おおいずみ』二〇〇二年一二月、Vol.512。〇四年、〇五年の二年間にわたり三七〇名の児童・生徒を調べた可児市では、いっさいの学びのチャンスを欠いている者七%弱、居所不明のため就学の事実関係の知れないもの約二八%であった。『広報　かに』二〇〇五年一〇月)。

いっさいの教育機会のない者が、四%いただけでもかれ/彼女らのこれからの人生に思いをはせるとき、暗澹たる気持ちを禁じえないが、就学期を迎えながらも託児所に置かれていたり、私塾的なものにいる者をも加算すると、十分な教育機会に恵まれていない者が一五%にもなり、この問題解決の緊急性を物語っている。この自治体が使用している託児所とは、外国人の多い地域で就学前の児童を私的に預かる施設(民間保育園)であり、学齢に達してもそのまま通っているのだろうが、教育施設ではない。

さらに、これまでの種々の例から転出・帰国とされた者にも、実際には帰国していなかったり、さらに転出先で十分な教育機会に恵まれない者が少なくないことを思うと、外国人児童・生徒の不就学をめぐる問題は、いっときの猶予もない重要性を帯びてくる。こうした問題が、このところ外国人集住都市会議などでも大きく取り上げられているからであろう、文部科学省も二〇〇五年度にはじめて全国的な調査を実施するため予算を計上した。これまで、全国的な動向はいっさい明らかになっていないだけに、重要な調査になることは間違いない。

ところで不登校というと、当の本人の態度に関心が集中するが、これには子どもの学習意欲ばかりではなく、親の雇用保障が密接に関係しており、さらには外国人の場合には母語教育、日本語教育の問題も大きい。後者の問題に関してはみてきたところだが、さらに無視できないのは、学習支援のシステムに関わる課題である。特に今日のように定住化が進行し、さらに今後はＩＴ技術者やＦＴＡ（自由貿易協定）、ＥＰＡ（経済連携協定）などの国家間、地域間協定により、外国人のいっそうの増大や居住地の拡散化が予想される時代には、もはや小手先だけの受け入れ施策では不可能であり、組織的・体系的な対応が必要である。

それには現時点でも、外国人児童・生徒の多い学校では、プレスクールを制度化し、来日した児童・生徒をいきなり原学級に入れるのではなく、時期を限定して集中的に日本語や日本の教育事情を紹介する仕組みが必要である。この場合注意すべきは、以前、イギリスにみられたカリブ系の児童・生徒をにわか造りのプレハブ教室に隔離し、入学前教育として長期間留め置き、生徒によっては原学級を経験させずに終了するようなことは避けるべきである。あくまでも短期間に区切った集中的な教育・訓練機関としてのプレスクールを経た受け入れである。

現在多くの学校では、外国人児童・生徒への指導は取り出しで行なわれているが、前にみたように当の本人が必ずしも好まない。取り出されるたびに、自分は教室ではお荷物なのだと感じ、「お客さん」扱いをさせられるからである。取り出しによって自尊心が傷つけられて、学習に自信をなくす生徒が多いことを考えると、むしろ来日したばかりのときに、学校生活に必要な知識を集中的に教授し、その後は取り出しをしないで原学級での引っ付き指導やチーム・ティーチングによる指導の方が効果的である。

またその際には、プレスクールと地域の学習支援教室がタイアップして学校と地域をつなぐような形で指導をしていくことも重要である。今日のように外国人児童・生徒が多様化すると、教員だけで面倒をみるのは不可能である。幸い地域には、多くの海外経験者がおり、さまざまな学習支援を行なっている。また、外国人児童・生徒の多い自治体では、独自の予算で加配教員のほかに、母語のできる人を教育相談員や教育指導員として採用し、巡回指導をしている。かれ／彼女らは、ときに必要に応じ家庭も訪問し、父母と学校を結ぶ貴重な役割も果たしている。外国人集住地域などでは、子どもと同じ出身地の人が相談にのれれば、子どもの気持ちがわかるだけではなく、将来の職業選択の動機づけにおいても効果的であろう。

不登校を防ぐには、このような教育ソーシャルワーカーとも呼ぶべき人々の存在が不可欠であるが、かれ／彼女らの多くはパートタイムであり、単年度単位の雇用契約か自治体により予算の出所いかんでは連続勤務を禁止している所もある。しかし、児童・生徒が信頼して心をうち明けるには二〜三年はかかる。むしろ、外国人児童・生徒の多い所を中心に、教育ソーシャルワーカーを正規職員として採用するよう制度化し、かれ／彼女らの雇用の安定を図ると同時に、プレスクールや学校との連携を強化し、必要に応じて教室で引っ付き指導に参加する制度も総合的な学習支援に欠かせない。この場合にも、外国人児童・生徒と同じ出身地の人で同じ言葉が話せ、子どもの母文化が理解できる人なら、子どもたちの将来の仕事の設計においても貴重であろう。いま、こうした教育システムづくりが望まれている。

進路保障と特別枠

さらに進路保障の問題もある。これは高校受験の特別枠なり、あるいは中高一貫教育の問題といってもよい。このような日本語の体系的な学習がなされたとしても、ニューカマーの子どもたちが高校に進学するのは、至難の業である。小学校から中学校へ進むにつれて学習内容は格段に高くなるが、高校となるとそのレベルはさらに向上する。そのためニューカマーの生徒が高校まで進学するのはいっそう困難になる。現在、東京都では、中国帰国生に限って特別枠の制度があり、前述したように九校が応じている。しかしこのところ中国帰国生も少なくなるとみるや年々縮小し、入学しにくくなっているが、これはむしろ拡大し、今後、いっそう外国人生徒が増えるもとでは、全校に中国帰国生に限定しない一定の特別枠を設ける方が重要である。

現在、職業上の資格取得にはほとんど高卒が条件になっている。帰国者というだけでもさまざまなハンディをもっているのに、この上高校まで卒業できなければ、その子の将来はかなり不利といわなければならない。特別枠は、これからも維持していかなければならないし、これを中国帰国生だけではなく、日系南米人や一般の外国人生徒にも拡大すべきである。

日系南米人は、血統からいっても日本人の血を汲んでおり、中国帰国生と異なるのは永住者の申請をしていないか日本国籍を取得していないことだけである。たしかに現時点では、依然として帰国を考えている人が多いと思われるが、すでにかれ／彼女らが日本社会に登場して一五年にもなることを思うと、今後はかなり定住するようになると思われる。そうなると日本で安定した職業を得るにも高校を卒業することは必須である。かれ／彼女にも特別枠を設け、進路を保障する必要があるし、これを一般の外国人にも広げていければ、特定の血統主義を教育の世界にまでもち込むこともなくなる。

たしかに高校の特別枠、制度化の是非に関しては、高校進学適格者主義の立場から反対意見もあるだろう。しかしもともと戦後の中等教育は、高等学校を後期中等教育と呼ぶように、中学と高校に連続性をもたせる形で出発した。日本の再建に教育を重視した『アメリカ教育使節団報告書』でも、中学校を「下級中等学校」と呼び、これを義務化し、その上に希望者が「全員入学できる三年制」の「上級中等学校」の設置を勧めていた。選抜を目的とした入学試験は課さず、希望者全入が基本だったのである。それをふまえ高等学校の目的も、学校教育法四一（現五〇）条にもあるように「高度な普通教育及び専門教育を施す」ことにあった（村井全訳解説『アメリカ教育使節団報告書』）。

ここにいう専門教育とは、主に職業教育であり、高等学校は普通教育と職業教育との総合制による、単線型として出発したのである。これが、将来大学に進学する者は普通高校へ、そうでない者は専門高校へと複線型を思わせるまでに分化していったのは――たしかに専門高校卒でも大学入学資格は得られるが――高度経済成長期に金の卵といわれた中卒者や職業系の高卒者を企業が欲しがったことに起因する。現在、その反省を踏まえて再び双方を統一する総合制の高等学校が増えているが、本来の高等学校の設置目的に戻って、職業教育と普通教育とを統一しつつ希望者全入を外国人生徒も含めて保障すべきである。

この進路の保障なり、特別枠は、単に高校だけではなく大学も含めてである。現在東京都では、中国帰国生を対象に都立大学に特別枠がある（二〇〇五年四月より首都大学東京に改名されたが特別枠は存続）。以前、かれ／彼女らの話を聞くチャンスがあったが、日本に来てはじめて日本社会に受け入れられたと実感できたのは、大学に合格してからだという。その前までは、自分の境遇をうらみ、不幸の見本のように考えていたが、大学に合格することによって、はじめて日本社会の一員としての自覚も生まれたという。大学に合格できたことが自信となり、同じコミュニティのメンバーにも大きな励みになったと述べている。経団連が進めようとしている「異文化経営」やダイバーシティ・マネジメントの導入・実践のためにも、このような異文化体験の高学歴者は貴重な人材である。大学で特別枠を設けている所はまだ少なく、この枠すら消えかけているが、拡大こそすれ、なくすべきではない。そのためにも日本語教育は、大学でも重要である。

いくつかの大学では、留学生用の日本語・日本事情に関する講座を中国帰国生の特別枠入学者にも開放している。このような大学では、近年、日本人学生にも日本語が乱れており、正確なプレゼンテーションができないことを踏まえて、日本人学生にも日本語学習をさせる目的で留学生や特別枠入学者と一緒に指導することも検討している。いずれにしても大学入学後も日本語教育は必要であり、今後の国際化に向けてこのプログラムの充実が急務である。

求められる機構改革

最後に、こうした体系的な日本語学習を実施していくためにも、中央省庁の機構的なことにふれておきたい。現在、学校教育の日本語教育に関しては、文部科学省初等中等教育局の国際教育課が担当部局になっている。前述した毎年九月一日時点で日本語教育を必要とする生徒数を算出するのもこの課である。一方、学校教育を修了している成人の日本語教育を担当しているのは、文部科学省の所管ではあるが文化庁の国語課である。日本語ボランティアに関係しているのも国語課であり、日本語教育にかかわっているのも同課である。とはいえ、双方の交流はあまりないようである。

しかし、文部科学省等の当局においては、学校教育と学校外教育とで明確な線引きがなされていても、地域の父母と子どもにとってはそのような区別は存在しない。地域単位の日本語教室の支援や講演活動、さらに地域交流のネットワークの組織作りには、双方の共催・支援が不可欠である。ところが、地域からみると、このような活動も文部科学省本省が後援になっていると、自治体の教育委員会は積極的な反応を示すが、文化庁の後援となるとその反応はいま一つの感が否めない。中央の縦割りが地域の活動をも分断しているのである。

子どもの日本語力を向上させるためには、父母の理解が不可欠であり、父母を日本語教育等の学習活動に参加させる必要がある。そのためには、子どもの日本語担当部局と成人の担当部局で積極的な交流が取りにくい現在の制度は、再編される必要がある。日本語力がやがては国語力に発展していくことを思えば、文化庁の国語課の業務のなかでも日本語教育に関係する分野は、文部科学省本省にある方が機能的ではないだろうか。もし、教材としての国語と文化としての日本語を分ける必要があるというのなら、成人のスキルとしての日本語を担当する課は、本省の生涯学習局にある方が効果的ではないだろうか。日本語教育を単に学校のみならず、地域でもサポート・活性化していくため、さらに日本語を学校で正式な科目に編成していくにも、この省庁の機構改革が必要に思われる。

Ⅵ章　しょうがい者教育と外国人教育

マイノリティとは

しょうがい者も外国人もともにマイノリティと呼ばれる。このマイノリティの意味には、単に数が少ないのみならず、権力から遠ざけられている意味も込められている。好例は、かつての南アフリカ共和国である。この国は、総人口のわずか一〇％台の白人が、八〇％以上の黒人原住民やカラードを長らく支配してきた。総数において白人が圧倒的に少数でありながらも、かれ／彼女らがマイノリティとして種々の施策の対象にならなかったのは、絶対的な権力を保持していたからである。

このようにマイノリティという概念には、単に数量的な意味ばかりではなく、権力との関係も大きく関わっており、それだけにマイノリティと呼ばれる集団は、権力から疎遠な状態に置かれ、主流文化から常に排除ないしは隔離されやすい危険にさらされている。

ところで、しょうがいのある子どもと外国人の子どもが必要とする支援には、かなりの差があるとみられがちだが、双方には想像以上の共通性がある。すでにしょうがい者と外国人の子どもが共に通う学校では、日本語教育などの教材を相互に共有している所もあるほどだが、教材ばかりではなく、現下の教育体制で置かれているマイノリティとしての共通性も多い。こうした類似性には、ほとんど注目されたことがないが、ここでは、近年のしょうがい者教育の発展をたどりつつ、それを外国人の教育と比較しながら、外国人児童・生徒の教育・支援には何が必要かを考えてみたい。

しょうがい者教育の発展

いまから三〇年前、全国には、しょうがいがあるゆえに学校に行けない子どもが約三万人いた。一部の熱心な運動家たちによってそうした存在が明らかにされ、一九七九年にようやく養護学校が義務化されたことにより、しょうがい者の不就学児童・生徒がかなり減少した。以前は、学校教育法の就学猶予・免除規定により、合法的な形で、しょうがい者が切り捨てられていたのである（渡部『障害児の就学・進学ガイドブック』）。

学校教育法とは、一九四七年四月一日（公布は三月三一日）より施行されたもので、憲法や教育基本法で謳われた教育に関する理念を、学校現場のなかで具体的に実現していくために必要な制度を系統的に定めたものである。その際、しょうがい者が排除の根拠になったのは、同法二三（現一八）条や同施行規則四二（現三四）条である。そこでは「就学義務」の「猶予・免除」が定められ、「病弱、発育不完全その他やむをえない事由のため、就学困難と認められる者の保護者」の「就学義務」を「猶予・免除」している（結城編『教育法規』）。

しかし、注意しなければならないのは、これらの義務の免除となる対象者は、保護者であり、学ぶべき権利の主体は、あくまでも子どもである。子どもの学ぶ権利は、どこまでも保障されなければならない。憲法にいう「教育を受ける権利」が、子どもの学習権（芦部『憲法』）、すなわち子どもの学びへの権利を保障したものとすれば、学校教育法の猶予・免除規定自体が問題であった。

学校教育法にしょうがい者教育が登場したのは、本法施行時にさかのぼる。これは、憲法や教育基本法でいう、「教育を受ける権利」や「教育の義務」「教育の機会均等」等を実現する上で当然であるが、学校教育法のしょうがい者に関する内容は、改正を重ねており、それは現在も続いている。憲法や教育基本法は、このところ改正の動きはあるものの施行以来変更されてはいないが（教育基本法はその後〇六年一二月に改正された）、学校教育法は理念の現場での実践に関わるだけに、むしろ時代とともに変化している。それだけにその変化を通して、時代ごとに住民の意識や要望を知ることも可能となる。外国人の子どもの教育との関係でみるなら、次のような変化が注目される。

一つは、一九四八年から盲・聾者への小学校、中学校での義務教育が順次実行されることにより、一九五六年に九年制の義務教育が実現したことである。以前は、学校教育法そのものによって、就学猶予・免除の名のもとにしょうがい者は切り捨てられていたが、この盲・聾学校の義務制によって初めて阻止されたのである。前述したように免除や義務は、何よりも保護者に対するものであって、しょうがいのある本人は、他の児童・生徒と同じく、教育の機会均等を享受する権利を有し、自治体は、その権利を充足させるようその義務を果たさなければならない。

二つはこれに触発される形で、七九年に養護学校の設置が義務化されたことである。養護学校とは、簡単に言えば、盲・聾者を除く、学校教育法旧七五条の特殊学級にいう知的障害者、肢体不自由者、身体虚弱者、弱視者、難聴者、その他心身に故障のある者を教育する学校である。ここに盲・聾・養護という三つの特殊教育諸学校の設置がすべて義務化されたことになる。

これらの特殊教育にかかわる学校の設置が義務づけられたことは、他面からいえば、このようなしょうがいのある子どもは、一般の学校ではなく、特別の学校で教育を受ける制度の確立ともいえる。すなわち、通常の学校から「分離」され、「隔離」された学校での学びの強制である。おりしも養護学校の設置が義務づけられた七〇年代後半から八〇年代は、健常者としょうがい者を区別しないで、社会のありのままの姿として共同の場で教育する海外の統合教育が紹介され、しだいに力を得ていく時期でもあった。この統合教育が力を得る上で注目したいのが、第三の時期である。これは学校教育法施行規則旧七三条の特殊教育に関わる二一で、通級指導が認められたのである。

統合教育とは何か

一九九三年は、しょうがい者の教育を考える上で一つの画期をなすといわれる。それは、この年から通級による指導が制度化されたからである。なぜ画期かといえば、このような支援が制度化されるには、一般学級にしょうがい者が健常者と一緒に学んでいることが正式に認められ、一般学級にいながら通級により特別な支援の得られる仕組みがはじまったこと、場合によっては、学外からも専門的な指導者が来校して援助される制度が開始されたからである。

文部省の「通知」は、小学校や中学校に「心身の障害の程度が比較的軽度」な者が学んでいる事実を踏まえ、かれ／彼女らの教育をさらに充実させるため「特別の教育課程」による指導を認めたものである。一般にこの特別の教育課程による指導を、「通級による指導」と呼んでいるが、これは、一般学級と特殊学級とを小・中学校で統合し、しょうがい者教育の充実のため健常者と統合して教育することを正式に認めたのである。しょうがい者教育の専門家の間では、すでに「ことばの教室」などに存在していたしょうがいの軽い児童・生徒の存在を追認するために制度化されたものとの捉え方が多いようだが（結城編『教育法規』）、このような児童・生徒の存在を文部科学省が容認した意義は大きい。

この特別の課程による教育の対象者は、この時点では、「言語障害者」「情緒障害者」「弱視者」「難聴者」「その他心身に故障のある者」とされている。また、通級できる児童・生徒は、他の学校に在籍する者にも適用され、自校の児童・生徒と同じように扱うこと、指導記録を作成し、在籍する学校にもその記録を通知することとされている。これまでしょうがい者と健常者を分離して教育する方針からすれば、小・中学校に通級指導教室の設置を認めた意義は大きい。しかも通級指導による負担増には、十分に配慮するよう定めるほど気配りがなされ、「概ね週三時間程度」、効果を上げるためには在籍学級担任との連携強化、他校からの通級の場合は、通級の担当教員の在籍校訪問も重視している（学校教務研究会編『詳解　教務必携』）。

ただしこの時点では、通級指導の対象者に、知的しょうがい者や肢体不自由者とは明示されてなく、言語しょうがい者とされていたが、二〇〇二年の文部科学省初等中等教育局長通知では、対象者が、「知的障害者」「肢体不自由者」「病弱及び身体虚弱者」「弱視者」「難聴者」「言語障害者」「情緒障害者」とより具体化され、かつ対象者も拡大し、「情緒障害者」のなかに、「対人関係が困難な者」や、「心理的要因による選択制かん黙」も含められるようになる（鈴木編『逐条　学校教育法』）。

その上で、二〇〇二年「通知」では、こうした試みが、社会のノーマライゼーションの進展や地方分権化に伴う見直しによるものであることもはっきりと認めている。憲法や教育基本法とは異なり、学校教育法やその施行規則は、住民の意識変化や要望とともに変わっており、この変化を通して社会や時代の流れも推測できると述べたのは、この意味においてである。

このような変化は、現在も続いている。学習が困難な重複しょうがい児童・生徒には、「養護・訓練」を主とした指導を行なうことができるとされていたが、一九九九年以降は、指導の内容も自立を目的としたコミュニケーションや運動・動作の基本的技能重視の指導を主とした「自立活動」に変更している。

また、〇二年に情緒しょうがいが特殊学級の対象とされているが、このしょうがいには、「自閉症又はそれに類するもの」とはされているが、「特定能力の修得等に著しい困難を示す学習障害児（いわゆるＬＤ児）への対応」も時代とともに課題となっている。これは、近年話題になっている教室で長時間座学することのできない、「注意欠陥多動性障害児（いわゆるＡＤＨＤ児）」の問題とも絡んでいる（学校教務研究会編『詳解　教務必携』）。

マイノリティの範囲は、医学の進歩や社会の変化とともに、刻々と変わるものなのである。こうしたマイノリティとの共存がめざされているということは、現在の日本のしょうがい者教育は、他の先進諸国と同様、しょうがい者も健常者と一緒に学ぶ統合教育の段階に入っていることを物語る。

しょうがい者教育と外国人教育に共通するもの

専門家によれば、ノーマライゼーションとは、しょうがい者のしょうがいをなくすことではなく、健常者、しょうがい者がともに受容されることによって、生活空間を共有すること、すなわちノーマルな状態にしていくことだといわれる。近代になって人づくりが国家的な事業となり、学校が巨大化、制度化されると教員と生徒との人格的な関係が後退していったように、しょうがい者もまた、社会的な事業の一環として巨大な入所施設に収容されることにより非人間的な扱いを受けるようになった。

入所施設に収容されることで顕在化したのは、地域社会から隔離化され日常生活からはみえない存在とされてしまったこと、受動的な管理の対象とされ、飼育されている家畜さながらの養護的、かつ機械的な存在と化したこと、そして本人の意思もなきものにされてしまったことである。

これは、しょうがい者のみを集めて効率的に管理しようとしたことが、いかに結果としてかれ／彼女らの固有の人格や生をも否定してしまったかを教えている。こうした反省に立ち、今日は、しょうがい者も隔離された施設から、地域の小さな集団家族、グループホームに返す運動が行なわれている。しかし、この問題に詳しい河東田氏によれば、隔離の発想がなくならない限り、地域の集団家族で生活しても、今度はグループホームそのものがミニ施設化する危険があるという。

このしょうがい者教育で明らかにされたことは、外国人教育にも大きなヒントを与えている。外国人の子どもは、日本語がわからない。そこで日本語教室に「隔離」され、集中的な特訓の対象とされ、日本語を習得するマシーンのような存在とされていくが（何の指導もされない存在も看過できないが）、その結果は、かれ／彼女らの母文化を背負った人間としてのありのままの自然な姿も行動も、担任やクラスメイトからみえない存在とされてしまう。子どもどうしの自然な交流も異文化を知る機会も奪われてしまう。

ノーマライゼーションがしょうがい者のしょうがいをなくすことでないように、外国人児童・生徒の日本語教室の目的もかれ／彼女らの文化を消去するためのものではない。とするならば、日本語教室をまったく否定するわけではないが、日本語教室での生活は短期にし、むしろ学級に返すことで、異文化の存在が社会の当たり前の姿であるように、学校や学級をノーマル化することも必要である。

その方が、外国人の子どもにとっても自尊心を傷つけず、自然な交流のなかで日本語が学べ、日本人の子どももありのままの姿を通した異文化接触、多文化理解、異文化リテラシィの向上になる。そしてクラスにそのような異文化が存在している方が、過剰同化、同調過剰にストレスを感じている日本の子どもにとっても過ごしやすいと思われる。

外国人教育に欠けているもの

このように、しょうがい者の教育と外国人の子どもの教育には共通するものが多いが、大きく異なるのは、しょうがい者教育が、諸外国の影響や住民のニーズとともに変化してきているのに、同じくマイノリティといわれる外国人児童・生徒の教育はそうではないことである。オールドカマーはもとより、ニューカマーの本格的な登場からすらほぼ二五年以上の歳月が流れているのに、外国人児童・生徒をめぐる教育環境はあまり改善されていない。

例えば、これまでもみてきたように、外国人児童・生徒の不就学が問題になっているが、これに関しては全国的なデータすらとられていない。現在、文部科学省が進めている、二〇〇五年度に開始された「不就学外国人児童生徒支援事業」の公募に名のりをあげたのは全国八府県、一二市である。何らかの事情で名のりをあげられなかったり、外国人集住都市会議の対象にすらならない、外国人が拡散し、それだけに子どもの教育において後れをとっている自治体も対象とされていない。

もし全国的な数字が明らかになれば、その数は、かつて学校に行けなかったしょうがい者にまさるとも劣らないものになるのではなかろうか。なぜこれほどの問題を抱えながら外国人児童・生徒の施策は、変わらないのだろうか。

外国人児童・生徒が、日本人のしょうがいのある子どもと決定的に異なる一つは、国籍である。たしかに国籍をめぐる差は大きい。戦後の日本国憲法は、教育条項に関し一切の規定をもたなかった戦前の帝国憲法とは異なり、多くの教育に関する権利や義務を定め、教育への権利を保障・尊重している。例えばその一つ、憲法二六条は、個々人の「能力に応じて、ひとしく教育を受ける権利」をうたい、かつ「保護する子女に普通教育を受けさせる義務」を定めている。また教育基本法三条（現四条相当）では、すべての「国民は、ひとしく、その能力に応ずる教育を受ける機会を与えられなければならない」とある。国民である限り、たとえしょうがいがあろうとなかろうと、教育を受ける権利は保障されなければならないし（結城編『教育法規』）、しょうがい者教育が、これまでみたように時代とともに前進してきた背景には、この憲法や教育基本法の理念によるところが大きい。

この点、たしかに外国人には、「国民」並みの法的保障は付与されていない。しかし、それでも次の二点に注意する必要がある。一つは、憲法で保障されている権利のなかでも基本的人権等に相当するものは、「国民」以外の外国人にも適用されると考えられていること、特に「自然権」のようなものはそうであること、二つは、日本も多くの国際条約を批准しており、条約遵守の倫理的責任が問われていることである。前者に相当するものには、例えば一三条にいう、個人の尊重や幸福追求の権利、一四条の法のもとでの平等、さらには思想・信条の自由や精神の自由のようなものがあり、また後者に相当するものには、例えば、「子どもの権利条約」などの文化の保護や学習する権利等がある。ここでは、後者の同条約八条「アイデンティティの保全」、一八条「教育への権利」、二九条「教育の目的」に注目しておこう。

はじめに、「子どもの権利条約（Convention on the Right of the Child）」であるが、本条約の基本的特徴は、子どもを一方では親の保護を必要とする受動的な存在としながらも他方では、成人同様の権利主体としてその自立性を高く保障していることである。それだけに批准した以上、権利主体としての子どもの人権に十分配慮することが求められている。

ところで「子どもの権利条約」と述べたが、政府訳では、「子ども」が「児童」になっている。私見では、これは「子ども」とすべきである。政府の規定では、たしかに児童も一八歳未満の者をさしてはいるが——これは児童福祉法の児童の規定にも顕著ではあるが——、日本の学校現場では、「児童」とは小学生をさし、中学生は「生徒」と呼んでいる。ここにいう child は、一八歳未満をさしており、中学生はもとより高校生をも含む諸権利に関する条約である。「児童」というと、日本の教育界に親しんでいる者には、小学生のみの権利と錯覚されかねず、親の保護下にある者全体を指す「子ども」とすべきと思われる。このことは、八条の解釈にも絡んでくる。

八条は、条約編集者の見出しによって、しばしば「身元関係事項の保持」といわれる箇所である。もちろんこの見出しは、日本の編集者がつけたもので、原文にはない。日本の政府訳全文は、「締約国は、児童が法律によって認められた国籍、氏名及び家族関係を含むその身元関係事項について不法に干渉されることなく保持する権利を尊重することを約束する」である。すでに何人かが触れているが、この「身元関係事項の保持」の原語は、identity である。日本政府は、このアイデンティティを「身元関係事項」と訳出しているが、創案時点で誘拐や戦争等による子どもの親からの分離という問題があったとはいえ（中野・小笠編『子どもの権利条約』）、ここでは親と子どもとの物理的分離のみが問われているのではないだろう。

本条前文の七条では、「氏名・国籍および養育に対する権利」が問われ、九条では「父母からの不分離の確保およびその例外」が説かれていることからも、八条でいうアイデンティティが、広く家族と共同で営まれる精神的かつ文化的同一性を問題にしているのは明らかである。この家族とともに営むアイデンティティ追求の権利を、小学生（児童）ばかりではなく、一八歳未満の子どもすべてに保障しているのである。家族関係のなかで子どもが親と同一のアイデンティティを追求する権利の保障、すなわち大人とは区別される子ども全体の家族と共通のアイデンティティが問題となっている以上、これからしても「児童の権利条約」ではなく、「子どもの権利条約」とすべきであろう。

その上で、この権利で問われている重要なことは、家族関係において重視される、精神的・文化的アイデンティティの追求に対し不当な干渉があれば、締約国は、むしろそのアイデンティティを尊重し守る責任があることである。学校現場ではしばしば、ピアスやイヤリングなどはさせませんといわれるが、過度な干渉は、むしろ子どもたちから独自の文化的なアイデンティティ追求の権利を奪うことになる。こうした過干渉がたびかさなることによって、しばしば学校嫌いもおきることを思えば、この条約の精神は、もっと尊重されるべきではないだろうか。

さらに重要なのは、二八条、二九条である。前述したように二八条は、編集者によって「教育への権利」と呼ばれるところであり、そこでは初等教育の義務制、無償制と種々の中等教育の発展の奨励、財政的支援が説かれている。いうまでもなくこの一節は、教育が施されるという単なる受動的な意味での「教育の権利」ではなく、自ら積極的に学ぼうとする「教育への権利」とされていることに注意すべきであるし、民族学校に多くの児童が通学している現状などでは、その財政的な支援が求められている。

さらに重要なのは、「定期的な登校及び中途退学率の減少を奨励するための措置」を、締約国に課していることである。これは、あたかも日本のような国が存在することを見越したかのような要請である。子どもの成長にとって「学び」は、もっとも基本的なものであるが、学校にすら通っていない子がいるとすれば、その子の将来にもたらすハンディは、はかり知れない。外国人集住都市会議でも、外国人児童・生徒の不就学問題が指摘されながらも、前述したように全国的な調査には至っていない。現状の把握は、対策を講じる上でも急務であり、今後は特定の自治体どまりにはしないで全国的な調査が望まれる。

二九条は、「教育の目的」とあり、締約国は、「児童の父母、児童の文化的同一性、言語及び価値観、児童の居住国及び出身国の国民的価値観並びに自己の文明と異なる文明に対する尊重を育成すること」とある。ここでは、子どもが自国の文化だけを絶対化することを戒め、多文化の理解と寛容が説かれているが、マジョリティによる同化教育も、きっぱりと否定されている。日本国籍を保有するしょうがい者を保護するほどの諸権利が、外国人の子どもにはないとしても、日本が批准した国際条約は、すでにこのような諸権利を認めている。

しかもこのような国際条約に対し、憲法九八条は「最高法規、条約・国際法規の遵守」を説き、その二項で、「日本国が締結した条約及び確立された国際法規は、これを誠実に遵守することを必要とする」をもって国の基本的態度とうたっている。日本が批准した国際条約を誠実に守るだけでも、現在直面している外国人児童・生徒の状況はかなり改善される。

同条約の日本の批准は、世界で一五八番目であった。しかも九条、一〇条には、解釈宣言を付し、三七条は保留している。これに対して子どもの権利委員会は、詳細な勧告文書を送ってきている（結城編『教育法規』）。日本人は、自分の権利意識も薄弱だが、相手の権利を容認するのはもっと無関心だといわれる。あってなきに等しい憲法などといわれないためにも、これらの国際条約が教育現場でも誠実に遂行されることが求められている。

しょうがい者と外国人の子どもの担当教員の異同

さらにしょうがい者の提起している問題は、教育現場の教員に対しても当てはまるものが多い。

現在、しょうがい者を担当する教員には、二重の資格が課されている。学校種別と教科別の免許状である。小学校なら小学校教諭免許状に加えて、しょうがい児教育の専門的な知識の保持者としての養護学校教諭免許状の取得が課される。現時点ではこれは、すでに教員に採用されている人全員に課されているわけではないが、これからしょうがい者教育に従事する教員やしょうがい者教育担当者には、この資格が課されるようになるだろう（渡部『障害児の就学・進学ガイドブック』）。

〇三年五月時点で、盲・聾・養護学校に通う子どもは全国で約一〇万人おり、その教育に従事する教員も約五万二〇〇〇人いるが、特殊教育免許状をもたない教員は四割に達する。しかしこのところ、学習しょうがいや注意欠陥多動性しょうがいなどが増えつつある現在、文部科学省は、一九四九年制定の教職免許法を五〇余年ぶりに改定し、これまでの小・中学校の普通免許状に加えて、専門性を高める意味でも、特殊教育免許も課す方向である（『朝日新聞』二〇〇五年五月一五日）。ちなみに、特殊学級としてしょうがいごとに分かれていたものも、「特別支援学校」に改められ総合化される。この「総合化」には、近年話題となっている学習しょうがい者の新たな排除につながるとの批判もあるが、ここで注目したいのは、特殊教育の専門性の方である。

外国人児童・生徒の日本語教育には、目下のところ専門的な資格が問われていない。近年、外国人児童・生徒が激増し、多くの担当教員の間で自分のやり方でいいのかうめきにも近い不安の声が聞かれるにも関わらずである。これは、いまなおかれ／彼女らの教育が、真剣に考えられていないからである。外国人児童・生徒への日本語教育の蓄積が重ねられていけば、専門的な資格がなかったり、他の教科の教員免許状では、十分な指導ができないことも明らかになってくると思われる。しょうがい者を担当する教員にも二通りのタイプがある。一つは、短期の担当経験だけで済ませるタイプと、二つは、長年受けもつタイプである。この背景には、しょうがい者の教育に新規採用者を配置するなど本人の意思とは関わらない人事も関係しているが、しょうがい者にとって安心できるのは、長年しょうがい者と接して、過去の指導上の蓄積ある教員にみてもらうことである。外国人児童・生徒担任の教員にも同じことがいえる。外国人児童・生徒が安心してつけるのは、長年の経験ある教員である。その意味でも、日本語教育の専門性、資格性を高めて、専門教員による長期の指導が好ましい。

またしょうがい者の地域との接触が薄いことが問題とされている。そこで文部省は、一九七〇年の教育課程審議会答申「盲学校、聾学校及び養護学校の教育課程の改善について」をふまえ、七一年より特殊教育諸学校の学習指導要領に交流教育の促進を掲げた。交流教育とは、「特殊教育諸学校や特殊学級の子供たちと、通常の学級の子供たちや地域の人たちが、学校教育の一環として活動を共にすること」である。

地域との接触が薄いという点では、外国人児童・生徒もそうである。特にかれ／彼女らが、民族学校に通っている場合は、ほとんど地域住民との接触が欠けている。ただ住所が日本というだけで、家庭にあっても学校にあっても異文化を担う生身の人々と接触するチャンスがない。マイノリティに、健常者なり異文化と接触する機会が存在しないことは、成長の過程でいろいろな刺激を受け、社会性を身につける機会を欠くことであり、見逃すことのできない問題である。

しょうがい者に関しては、地域ボランティアなどの努力で、地域の小学校や交流会に参加し、多くの人々との交流機会が増すようないくつかの重要な努力がなされ始めている。学校によっては、通常学級と養護学級の双方に学籍を設けてもらい、曜日によって通学校を変える試みも行なわれている。しかし、文部科学省の規則では、二重在籍は認められていないので、現実には、通常の学級、七五条学級、盲・聾・養護学校から一校だけを選ばなければならい（渡部『障害児の就学・進学ガイドブック』）。右記の例は、一般化はしておらず、学校側の善意によるのが現状である。

外国人学校の場合、オールドカマーの学校などでは、日本の学校とスポーツを通した親善試合などで学校間、地域間交流も図られているが、ニューカマーの民族学校には、こうした交流も欠けている。通学手段なども、各種学校として認可されていないため、学割がつかえず、その上通学範囲も広く学校独自の輸送手段に依存しているため、一般の日本人からこうした異文化を背負った児童・生徒が生活していること自体、可視化されにくい。外国人児童・生徒のなかには、既述したが、夜間学校と昼の学校の双方に行き来ができれば、日本語力の向上も速いと述べている者もおり、二重学籍はしょうがい者だけの問題でもない。

また重度のしょうがい者には、訪問教育の制度もある。これは、憲法や教育基本法の理念を実践しようにも、学校が遠い、しょうがいのため通学困難などの者に行なわれるものである。身体的な欠陥のない外国人児童・生徒には、不要な制度に思われるかもしれないが、以前、イギリスでは、外国人の小学生を対象に期限付きで、訪問教育サービスが行なわれたことがある。取り出しをしないでイギリスの学校制度や英語を短期に習得するとなると、いろいろ困難を伴うので、その一環として行なわれた方法である。さすがに今日は、難民等の激増によりこれらのサービスは後退したが、センター校に通う、放課後に残るなどに代わる措置として喜ばれた方法でもある。

日本では、外国人集住都市を中心に、不登校の子どもの対策として学校ソーシャルワーカーが家庭訪問し対応している。しかし、現時点で学校ソーシャルワーカーは、自治体独自の予算による非常勤職員であり、明確な位置づけがされていない。そのためかれ／彼女らの仕事は、あくまでも本人や父母との面談のためであり、授業を教授するものではない。資格も学校ソーシャルワーカーになるのに、養護学校教員に課されるような専門的な資格や教員免許状が必要なわけでもない。今後予想される一層の学校の「多文化」化には、学校ソーシャルワーカーの配置を義務づけ、専門資格を課し、不登校児童・生徒には訪問学習も可能にして、学校とのつながりを保持する試みも必要と思われる。しょうがい者の訪問教育・訪問学習の制度は、外国人児童・生徒の不登校対策にもいくつかのヒントを与えている。

受験制度の多様化に向けて

しょうがい者の教育の諸権利を保障するため、点字受験、拡大文字による試験問題作り、時間延長処置等、さまざまな試みにより、しょうがい者も高等学校までの教育は、盲・聾・養護学校ともに全員進学が可能になっている。あの三〇年前までの「就学義務」の「猶予・免除」という名の切り捨てからすれば、隔世の感がある。これも社会が多様な子どもの存在を認め、そのありのままの姿を当たり前に受け止め、これをさらに発展させるには何が必要か、という形で取り組みがなされてきたからである。

外国人の場合も、日本語が話せないからといって切り捨てるのではなく、外国人の子どもの言語を含め、多言語受験を認めることも、かれ／彼女らの学びの機会を保障するには不可欠な方法である。

しょうがい者に関しては、教科書もしょうがいいかんで必ずしも検定教科書が適切でないときは、他の適切な教科書の使用を認めている。外国人によっては、永住する者もいるが、帰国する者もいる。本邦に外国人として生きていく者や帰国する児童・生徒にとって、真に必要な知識は、日本に関する細かな知識ではなく、一個の人間としてよりよく生きる知識、力を身につけることである。しょうがい者学級のしょうがいの差を無視した混合の運営方式が好ましくないように、外国人児童・生徒の文化や日本滞在の差を無視した一斉画一授業も好ましいものではない。この点でもしょうがい者教育は、外国人児童・生徒の教育にいくつかの重要な警告を与えている。

教育の本来の目標が、人間としての生きる力の獲得にあるとするならば、外国人の子どもが、外国人ゆえに日本人とは異なる文化を身につけ、日本語と異なる言葉を話し、多言語、多文化的な存在でありつつ、自らの学習も成長・発展させることができるようになるには、何が必要なのかがもっと真剣に問われなければならない。

この基本的な点で参考になるのは、教育基本法そのものである。同法は、一条（現行法でも一条であるが、文言は微妙に変更）の教育の目的で、「教育は人格の完成をめざし、平和的な国家及び社会の形成者として、真理と正義を愛し、個人の価値をたっとび、勤労と責任を重んじ、自主的精神に充ちた心身ともに健康な国民の育成を期して行われなければならない」とある。この教育の目的は、狭い意味での「国民」だけではなく、外国人をも含む人間一般に妥当するものである。

これを受ける形で同法二条では、「……この目的を達成するためには、学問の自由を尊重し、実際生活に即し、自発的精神を養い、自他の敬愛と協力によって、文化の創造と発展に貢献するように努めなければならない」とある（現行法でも二条だが、教育目標が五点にわたり列挙）。実際生活の強調といい、自他の敬愛と協力、文化の創造、どれ一つをとっても外国人と共同できる価値が尊重されている。教育の目標をあまりに狭く、日本語や日本文化に限定する必要はないのである。

スペイン語や中国語という、より世界で需要の高い言語能力まで奪って、日本語力のみの判定による画一的試験にどれだけの意味があるかは、もっと真剣に問われてよい。人間は一人ひとりが異なり、その異なる一人ひとりの生きる力を引き出すのが教育の本来の目的であるなら、この基本的な問いかけをする上で、憲法や教育基本法さらにはそれを踏まえて展開されているしょうがい者教育は、無限に多様な教育のあり方を考える上で重要な視点を提供しているように思われる。

真のマイノリティの統合とは

受験制度の多様化なり、マイノリティの学校と地域住民の交流なりが目指しているものは、マイノリティだけを封じ込めた隔離教育の是正にある。しかし、単なる場の共同だけなら、それは統合教育にはならない。統合教育を名実ともに深化させるためには、場の共有を前提にしつつ、マジョリティとマイノリティとの間で日常的に自然な交流が行なわれることである。

このことは、共生についても同じくいえる。このところ共生がいろいろなところで語られ、あいまいなままでの使用に反対の意見も現れている。本書では、外国人との相互交流を重視する観点から使用しているが、本書での意味は、ＥＵなどで使用されている、社会的排除や隔離への対概念の意味が込められている。以前、イギリスでは統合が、同化への反省から、マイノリティの文化を認めて多様性の証とはしたものの、マイノリティの言語や文化を公的領域で教授し、継承する権利を認めたものではなかった。そのため統合教育は、多文化教育にとって代わられ、さらに今日、移民労働者集住地域の自治体では、人種差別とはっきり対決するための反人種差別教育に変わっている。日本では、本書でも問題にしてきたように、外国人の教育が権利ではなく恩恵的なものであったり、差別が依然として心の問題とされるなど、法的な措置はとられていないが、ここでいう共生とは、社会的排除や隔離の対概念としてのイギリスの統合批判の歴史をも踏まえたものである。

アメリカでは、統合といわれるものでも、マイノリティとマジョリティの間に積極的な交流のない、単なる場の共同をインテグレーションと呼び、マイノリティとマジョリティとが多くの差異にもかかわらず、積極的に交流している状態をインクルージョンと呼び、区別するようになっているという（門田『学校ソーシャルワーク入門』）。ここでは語の違いにはあまりこだわりたくはないが、外国人児童・生徒の教育の場合も、日本語教室での隔離教育を最小限にし、原学級に返しても、何の支援も与えられなければ、それは単なる場の共有でしかないだろう。原学級に返すとなれば、それなりの援助が付与されるのでなければならない。

これには、いくつかの前提がある。教室内の児童・生徒の数を少人数制にすること、一斉に同一の行動が強制される画一授業をしないこと、児童・生徒の進路いかんで多様な取り組みが可能なようにグループ制にすること、それを維持するためにも教員数を増やすこと、チーム・ティーチングの積極的な導入などが不可欠である。

二〇〇五年夏期に訪問したイギリスのマイノリティの学校には、四人の教員が張り付いている所があった。一人は、メインの教員であるが、他にＥＡＬ教員（以前は、連邦国出身の子どもに英語を教えるセクション一一に基づくＥＳＬと呼ばれたが、その後連邦国の子どもに限らない難民等も含む子どもへ英語を教えるＥＭＡＧ〔Ethnic Minority Achievement Grant〕となり、現在は必ずしも英語が第一言語とは限らない現状を反映して English as an Additional Language と呼ばれる）、しょうがい者のサポート教員、ＬＤ支援教員である。多様化の時代、いまや二人の教員では、すべての生徒に目配りするのは困難なのである。

また特殊学級の設置に関しては、七五条第一項にしたがうものとされ、しょうがいの種別を無視した混合教育は避けるようにされ、また特殊学級の児童・生徒数は、一五人以下が標準とされている（鈴木編『逐条　学校教育法』）。ただし、学年は異なってもよいとされ、小・中学校では八人の学級編成を基準にしている。これはあくまでもしょうがい児教育の基準であるが、日本語の話せない外国人児童・生徒の教育にも何に配慮すべきかヒントになる。

しょうがい者の間では、統合教育主義とも普通学級主義ともいわれる健常者との場の共通性にこだわる動きがあるという。しょうがいには、程度の差により無数の段階があり、軽度の児童・生徒をもつ保護者にとっては、場の共有だけでも既存のレイベリングを避ける意味で重要である。しょうがいの程度にもよるが、通常学級で刺激を受けた方が語彙力も増し、成長の刺激になり、教育効果も高いといわれる。二〇〇二年の「学校教育法施行令」改正によってしょうがい者でも、通常の学校で対応可能と認められれば、「認定就学者」として受け入れ可能となった。しかし、健常者と同じ学校に在籍していても、通級指導がきちんと制度化されていなければ、場を共にしているだけで、真の統合とはいえない。

外国人の子どもも同じである。外国人児童・生徒もメインストリームのクラスで学んだ方が、同一世代から受ける影響も深く、自然に使用する年齢相当の言語表現も豊かになる。大人による日本語教室で学ぶ日本語は、児童・生徒どうしではあまり使用しない表現の方が多い。

近年、スペインとユネスコとの共催によるサラマンカ声明以降、「特別なニーズ教育（Special Needs Education）」という言い方が、日本でも強調されるようになっている（門田『学校ソーシャルワーク入門』)。これは以前、イギリスなどで宣言された「万人の教育（Education for All）」の現代版ともいえるもので、イギリスでは階級的な差異を超えた万人に開かれた教育を指したが、現在は、一人ひとりが異なるのであり、その特殊なニーズにも応える教育こそ時代が要請する教育という意味である。

これは、しょうがい者だけが特殊なニーズをもっているのではなく、一人ひとりの健常者もそれぞれ異なるニーズをもっており、そうした多様な個性に応える教育こそ真の教育と認識されてきている。文部科学省もこうした動きをふまえ、これまで特殊教育との絡みでしょうがい者のみを連想させる特殊教育課を特別支援教育課に名称変更しているし、東京都は、特殊教育という言葉自体、以前から使用していない。

こうした精神をつめていけば、外国人の学校・学級への編入は、なんら特殊な児童・生徒の出現などではなく、多様なニーズをもったこれまでの児童・生徒に、もう一つ多様なニーズが加わっただけと捉えることができる。このとき、日本語が話せなくともなんら問題視されない受け止め方も可能になるだろう。日本語のわかる生徒もわからない生徒も、問題にならない学級づくりが求められている。

あらためていうまでもなく、外国人と国民とは、截然と区別されるものではない。外国人のなかには、永住外国人もいれば定住外国人もいる。こうした外国人のなかには、未来の国民となる人も多く含まれている。同じマイノリティといわれながら、しょうがい者に比べても外国人の教育は、その権利があまりにも守られていない。しかし、憲法や教育基本法の理念に照らしても、さらには批准した国際条約からしても、その精神を生かすならば、現状を変える基盤は、すでに整っているのである。

Ⅶ章　グローバリゼーション時代の教育と市民権

国は人の動きにどこまで干渉できるのか

今日、グローバリゼーションという言葉をよく聞く。ギデンズではないけれど、この言葉は、一九八〇年代後半でも学術論文にすら滅多にみなかったのに（ギデンズ『暴走する世界』）、いまでは日常会話ですら耳にしないのが稀なほどである。グローバリゼーションとは、文字通り、地球なり世界が「球状化」することであり、各国の地球大での一体化の進行のことである。中国語では、「全球化」と表わしているが、これはグローバリゼーションの意味をよく伝えている。球にははじめもなければ終わりもなく、その一部が欠けても真球にはなり得ない。このような時代には、国家も境界の意味も大きく変わる。

人間は、誕生に際して両親を選べないのと同時に国家も選択することができない。他面、人類の歴史は自分の生存条件を改善するための歴史であった。恐らく東アフリカに起源を発する人間の誕生が、今日のように全世界に散らばっていったのも、よりよき生活条件を求めて移動した結果であろう。

途上国と先進国とのあいだで大きな経済格差があり、自国で生活の改善が望めないとき、豊かな暮らしを求めて移動するのは人間として自然なことである。ギデンズは、人類が誕生して以来、大半の時代は「国家なき社会」であったと述べている。近代の国民国家が誕生したのは、しばしばいわれる通りウェストファリア条約以降である。それ以前は、帝国の時代であり、そのなかには多くのエスニシティはもとより、言語も異なる民族がいた。これまでの人類の大半の時期は、国家なき時代だったのである。現在進行しているグローバリゼーションは、国家が人類史からみても一時的な存在であり、国民と呼ばれる集団の内容も固定したものではなく、刻々と変化したものであり、別様な存在へと絶えず生成・変化していることを示している。

運命に翻弄される人々

とはいえ、国家は依然として現存し、国民と「非国民」を区別し、国民に種々の権利と義務を課しつつ保護している。それだけに国家を離れることには、いくつかのリスクをともなう。義務はともかく権利のなかには、種々の生活の保障に関するものがあるが、多くの途上国はこれすら欠いているので、その意味ではむしろ本人にとってより直接的な、人間関係のリスクの方が重要であろう。その一つに家族関係に亀裂の生じるリスクがある。

出稼ぎには、夫のみないしは妻のみが来るか、あるいは日本になじめず、どちらか一方が帰国することにより、夫婦が離れ離れになることも多い。ここからやがて離婚に至ることが少なくない。筆者がブラジル滞在中、日系人でも出稼ぎに行かない人の理由を聞くと、大きな理由の一つがこの家族関係、夫婦関係に亀裂が生じることを危惧してであった。現地ではそれほどまで、頻繁におきているのである。

離婚に直面した人は、自分にもっと愛情があったらとか、思いやりがあったならと自分を責めるかもしれない。また生徒なら、不登校になった自分の意気地なさに自信をなくすかもしれない。もともと夫婦は、一緒に生活するのが自然であり、子どもも生まれたところで母語で教育を受け、アイデンティティ形成のなされるのが自然である。

しかし、国家の垣根が小さくなり、グローバリゼーションの波に飲みこまれていくと弱小国家の経済は、ますます先進国への依存を高め国民の行動様式を直撃する。世界経済が、単一の市場経済にシステム化されると、そのシステムには中枢と周辺も形成され、中枢による周辺の従属化もいっそう進行する。具体的には、周辺部で同じ一カ月働いても、先進国の二〇分の一にも三〇分の一にも満たないことがおきる。ブラジルでは、法律によって最低賃金制が定められている。しかし、その賃金たるや一カ月三五〇レアル（二〇〇六年四月より。以前は二六〇レアル）であり、一レアル三五〜四〇円として日本円では一万五〇〇〇円前後に過ぎず、日本でこの金額で一カ月暮らせる人はいない。これほどの賃金格差になると、世界情勢に明るくやる気のある人ほど、先進国で働きたいと思うであろう。

離婚は、しばしば個人の側にその原因が求められるが、それだけではなく同時にかれ/彼女らをそのような状況に追い込むより大きな構造的要因・世界的背景も無視できない。グローバリゼーションの波により人によっては、国内に限らない活動のチャンスが与えられる反面、その波に飲みこまれ、翻弄される人も多いのである。

世界経済の運命に翻弄されるのは、子どもも同じである。ブラジルでは、日系人の親のみが日本に働きに来ている場合も多い。その場合、親類や知人に子どもをあずけることもあるが、子どもによっては親が、お金のために自分を見捨てたと感じることもあるという。これらは、親が帰国しても容易に解けない親への不信をもたらす。中国帰国者のなかにも子どもが日本の学校になじめず、親が子どものみを中国に帰すこともよくある。中国に祖父母が残っている場合などは、一人っ子政策のため孫の帰国をかえって喜ぶことも多い。しかしその結果は、子どもと親が引き裂かれた状態になり、グローバリゼーションによる家族の亀裂に心を痛めている人も多い。

世界システムと女性

いま世界がひとつのシステムとなると中枢と周辺の格差は広がると述べたが、いったんこの格差ができると埋めるのも容易ではない。周辺国は、つい最近まで現金がなくとも生活が可能な領域だった。ところが先進国に接合されると、半ば強制的に貨幣経済システムを採用せざるを得なくなる。これは、かつて一国規模でも、農村が都市に接合されたとき、実物経済から貨幣経済へと移行せざるを得なかったのと同じである。

このとき、もっともしわ寄せが大きいのは、社会的な弱者、すなわち老人であり、しょうがい者であり、女性である。特に周辺国の女性は、男子が中枢国や都市部に働きに行っており、老親や子どもの世話から零細農地の維持、管理、さらには低賃金をみこして農村部に進出した企業で働くなどいわゆるトリプルシフトの状況に置かれる。また先住民族の女性などは、急激に先進社会と同じ貨幣経済に巻き込まれたがゆえに、現金を得るには売春以外に方法のない事例も報告されている。日本でも興行ビザで来る人に類似の性格をみることができる。

興行ビザと就労資格

これまで日系南米人とフィリピンやタイからの外国人労働者を、別々の問題としてみてきたが、これらは統一的に捉える必要がある。日本に入国し仕事をするには、在留資格と就労資格がなければならない。在留資格は二七種類に分かれており、いずれかに該当しないと滞在することができない。単純労働では在留資格がもらえない。かろうじてもらえるのが、興行ビザである。

興行ビザとは、演劇、演芸、演奏、スポーツ等の興行に関わる仕事で、三カ月、六カ月、一年のビザがもらえる。表向きは、高度な資格をもった芸術活動を思わせるが、サーカスや演奏等はともかく、多くの人はエンターテイナーと呼ばれるダンサーが主な仕事で、なかには、何の芸能活動もなく、もっぱら接客業に従事している者も少なくない。

サーカスや演奏等各地を回りながら興行する者には、一年のビザが支給されても、エンターテイナーは最大六カ月であり、一回の延長でファイナル・イクステンションとなる。それゆえ、超過滞在を生みやすい制度ともなるが、さしたる資格もない人にとって、日本に在留できる唯一の資格になっている。また表向きは、特定の資格に基づく活動なので、就労保障や最低賃金等の労働基準の適用外にある。そのため多くの仲介業者がまとわり、搾取の対象にされる。そのような接客業に従事しているのが、東南アジアの女性たちである。

一方、東南アジアの男性は、日本で働きたくても専門的な資格がなければ、入国し就労することができない。横浜ベイブリッジは、フィリピン人によるものとされているようだが（ピケローバレスカス、「フィリピン人―内部からの貢献」）、女子労働者に比べその数は圧倒的に少ない。そこでかれらの多くは、中東へ向かうことになる。いまなお危険な状態の続くイラクで、フィリピン人が拉致され、解放に撤兵を条件とされるやアメリカの反対を押し切って早々と兵士を引き揚げたのは、多くのフィリピン人男子が中東諸国に出稼ぎに出ているからであり、拉致以降すらフィリピン人のイラクへの出稼ぎが続いているのは記憶に新しい。

このような途上国から、無資格ながら女性の入国が優遇されている日本社会で、彼女たちに求め

図1　就労を目的とする在留資格別外国人登録者数の推移

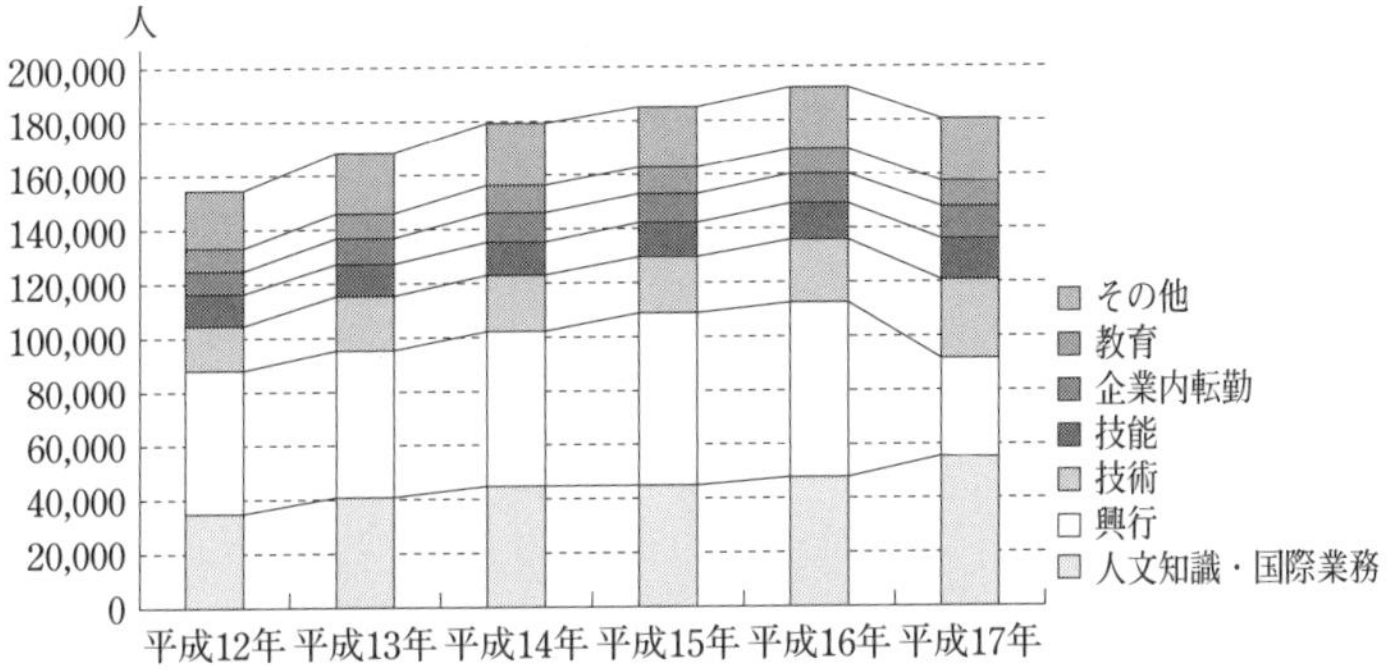

出典　『在留外国人統計』平成17、18年版　入管協会、2005、2006年、㉑ページ。

られているものが何かといえば、それは接客業を通した性そのものの商品化である。エンターテイナーを扱うフィリピン政府の海外雇用庁は、エンターテイナーを「海外パフォーミング・アーティスト」と定義し、ダンサーなり歌手として位置づけているが、同国内部からすら、この呼称は真実を見誤らせると批判されている。彼女たちの仕事の実態は、「文化産業」ではなく、「性産業」従事者なのである（DAWN編、二〇〇五）。途上国の男性は、性の商品化が不可能であるがゆえに他国に向かわざるを得ない。

図1をみていただきたい。これは、二〇〇〇年（平成一二年）から二〇〇五年（平成一七年）までの六年間の「就労を目的とする在留資格別外国人登録者数の推移」をみたものである。日本に来る外国人がどのような目的で来ているかを知る上で有益であるが、興行が〇四年末までは一貫して増えていたこと（二〇〇三～〇四年ですら一〇〇人増えている）、しかも「その他」を除けば、これ

また昨年（二〇〇五年）以外は在留資格のほぼ半分弱を占めること、さらにその内容を詳しく分析すると彼女らの出身地はアジアであり、例えば〇四年度なら興行資格で入国したその六割をフィリピン女子が占めること、フィリピン女子の七〇・二％は二〇歳から三九歳までに集中していることもわかっている。

興行とは、たしかに前述したように「演劇・演芸・演奏・スポーツ等」の活動に関わる資格であるが、このような途上国の女性への集中をどのように理解すればいいのだろう。それどころか、一昨年までのここ数年間の就労を目的とした外国人の在留資格のトップを、興行でほぼ三分の一を占める日本という国をどう理解すればいいのだろうか。

一方、日系南米人は、血統的に日本人の血をひいていることで、日本人の配偶者等の在留資格で在留し、単純労働者でも、自由に入国し、就労することができる。そこで今日かれ／彼女らの多くが、製造業関係で働いていることは周知の事実である。もし血統的に日本人の血をひいていなかったなら、かれ／彼女らも専門的労働者でない限り入国し、定住することは困難であった。

日本社会は、製造業関係では、日系南米人の力を借り（他に九三年から外国人研修・技能実習制度により中国、インドネシア等から年間五万人程度、研修生・技能実習生を受け入れている）、ホステスなどの接客業の分野では、東南アジアの女子の力を必要とするように、労働力を性によって使い分けているのだ。しかしこれは、東南アジアをはじめとする途上国女性の蔑視ととられないだろうか。日本の隣人女性を性産業で酷使しておいて、将来健全な友好関係が築けるのか、心の痛む問題である。政府は、ようやくこうした興行ビザが、本来、違法な接客業に悪用されている事態を重く受け止め、対策に乗り出した。

〇五年二月の改正により（施行は三月一五日）、これまで興行による在留資格の三つのうちの一つ、「外国の国若しくは地方公共団体またはこれらに準ずる公私の機関が認定した資格を有すること」を廃止した。これにより、興行に相当する満足な教育を受けていなければ、相手国政府が発行する認定書では入国することができなくなった。〇五年の減少には、こうした事情が関係している。

しかし、これにも二つの点で喜べない現実がある。一つは、興行ビザが接客業に悪用されているのは、公然の秘密だったのに、これまで日本側はみてみぬふりをしていたこと、ここにきて対策に乗り出したのは、アメリカ国務省から日本が人身売買の温床とされ、「監視対象国」に指定されたこと、日本独自の判断から改善に乗り出したのではなく、外圧によってなのである。その外圧も、もしアメリカや西側社会からの指弾ではなく、途上国からの指摘であったなら、こうも迅速に対応しただろうか。日本という国は、よくよく自らの判断では動かない国なのである。

もう一つは、日本側の迅速な対応に、フィリピン政府がもっとも反対したことである。国民を守るのが政府の使命なのに、自国の「認定書」だけで興行ビザが出ないとなると、出稼ぎに依存しているフィリピン経済は、大打撃をこうむるというのである。送り出す前に、フィリピン政府海外雇用庁が、報酬の明細や契約書の保障内容についてすらきちんとした説明をしていないこと、日本での仕事の内容が、およそ伝統芸能の伝承などではない事実を知りながらも、芸能人登録手帳（現在は、芸能人認定カードに改名）を発行する制度上の非も指摘されている（DAWN編、二〇〇五）。これでは、本人にあたかも芸能活動のために渡航するかの錯覚を与えかねないのである。しかも興行ビザで仕事をする業者が、大使館に一社当たり二〇〇万円の登録料を支払っている事実も明らかになった。人身売買を送り出し国と業者が一体となり、支えあっていた構図が浮かび上がってきたのである。

その後も法務省は、〇五年の一年間に人身取引の被害者として保護した女性の多くが興行資格による来日であることを重くみて、日本国内の雇用者の資格を厳格化し、暴力団の締め出しや使用者への給料支給を徹底するなどの改正法務省令を〇六年三月に公布した（施行は同年六月一日より）。もし有効な処置を怠るなら北朝鮮並みのランクに引き下げるというアメリカ国務省の警告が効いた形である。

女子の高学歴化と興行

このような途上国側からの女子の送りだしシステムを追究していくと、先進国女子の高学歴化と密接なつながりのあることがわかる。これには、日本女子の大学進学率をみればわかる。

図2は、一九六〇年以降の女子の大学進学率をみたものである。一貫して増え続け、七五年には、わずか一五年の間に六〇年の三倍に達していることがわかる。たしかに大学だけでみると七五年時点でも進学者は、男子の三分の一に過ぎない。しかし注目しておきたいのは、七〇年代半ばまでの

図2　女子の大学進学率の変化

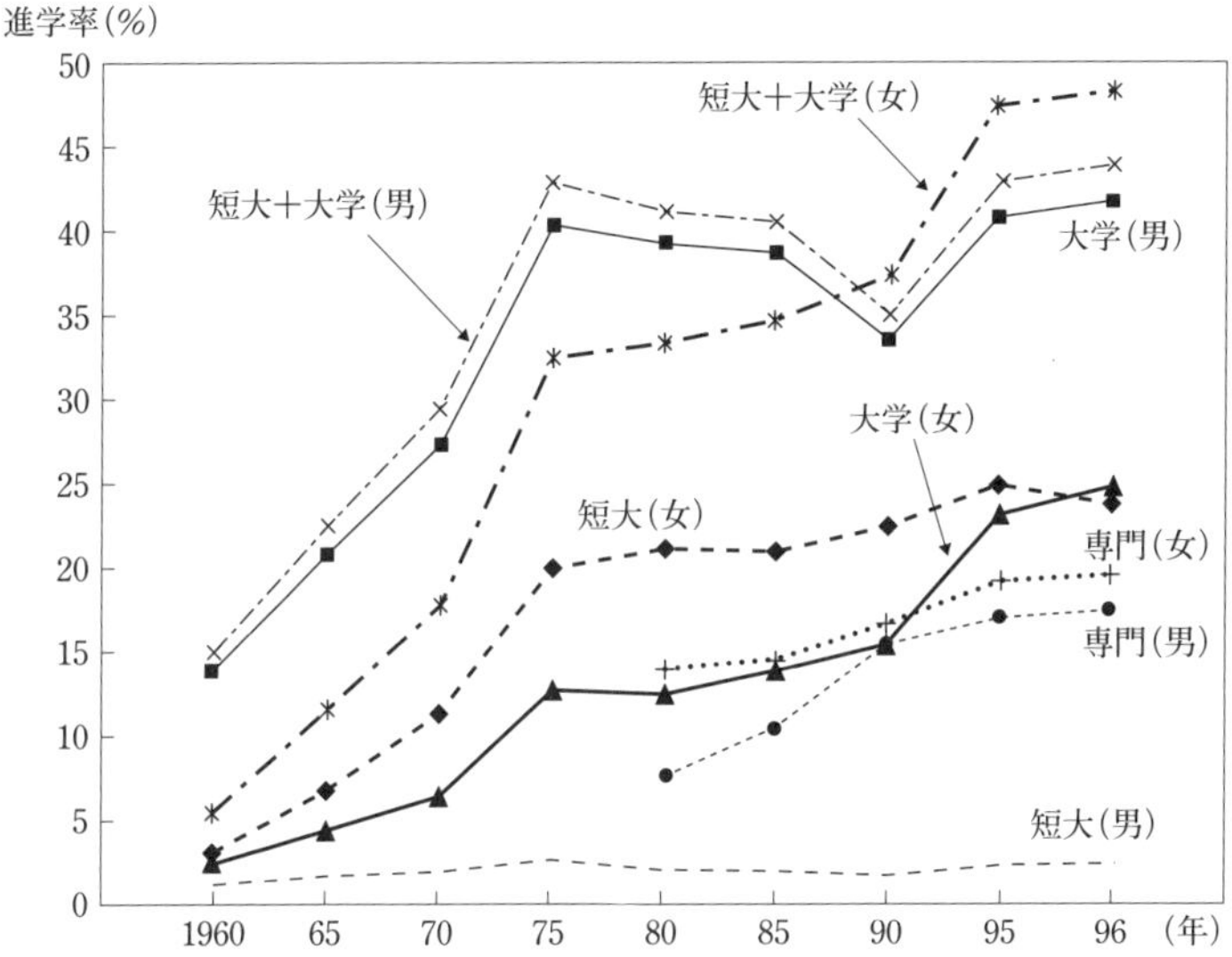

出典　『国民生活白書』平成９年度　経済企画庁　108ページ（原典は文部省『学校基本調査報告書』）

女子の短大進学者の急増である。その後も短大進学者は、九五年まで漸増し、ここ一〇年間の短大数そのものの減少により大学進学者の方に席を譲っている。

一般に短大は、地方に分散しており、このような短大ブームは、高度経済成長以降、地方も豊かになり、親も娘に短大くらいの教養を身につけさせるゆとりが生じたことを物語る。しかし、以前の接客業が主に地方のこのような女子に担われていたことを思うと、豊かさに伴う日本人女子の高学歴化と接客業の世界での人材不足は、密接に関係している。

外国人女子が、積極的に接客業につき始めた七〇年代後半ともなると、

図3　女子の大学での専攻分野の変化

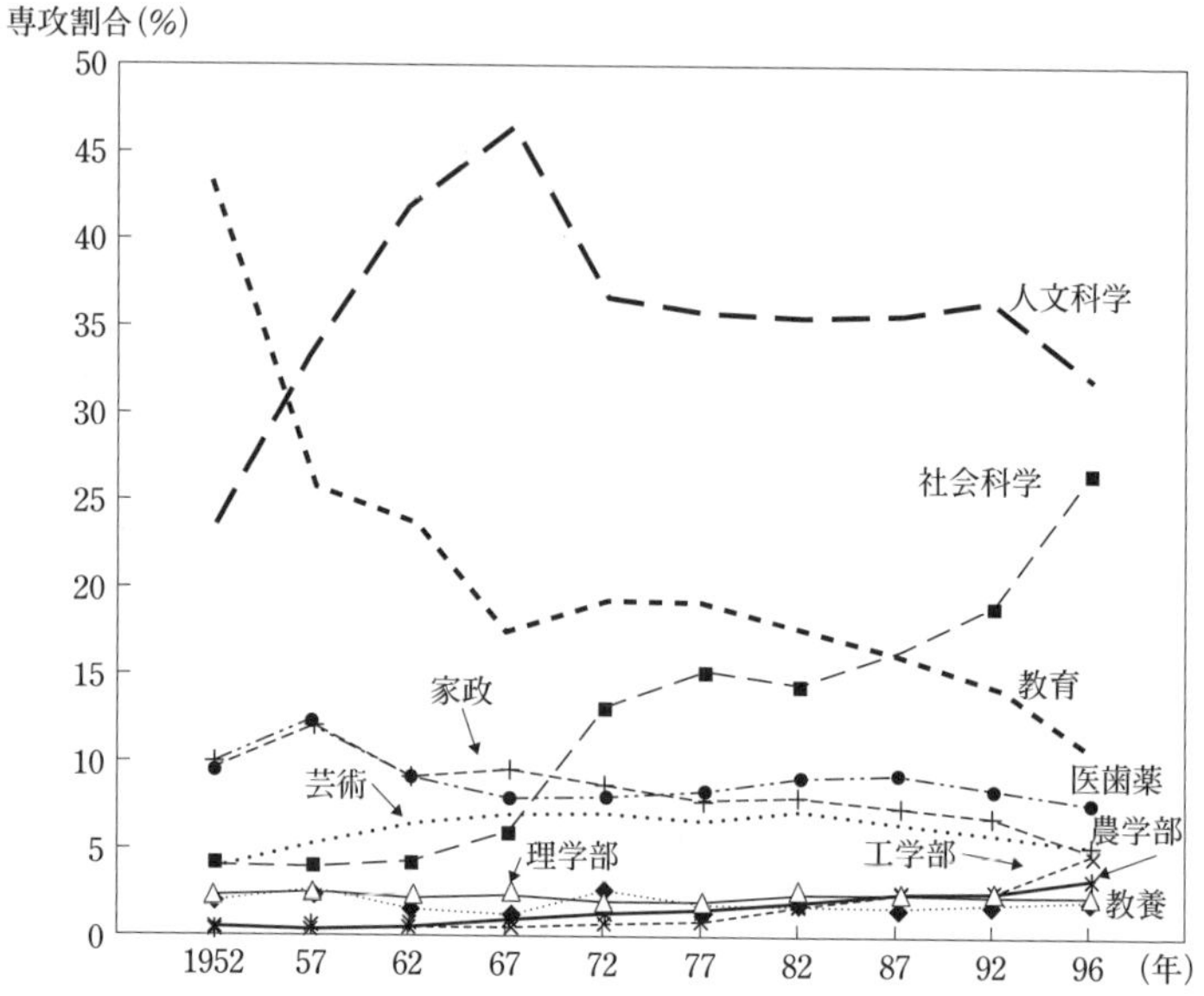

出典　『国民生活白書』平成9年度　経済企画庁　110ページ（原典は文部省『学校基本調査報告書』）

日本人女子の短大と大学進学者の数は、前にみた短大進学者の急増によって男子の大学進学者に急接近している。そしてこの傾向は、八〇年代後半には、女子の短大と大学進学者が、男子の大学進学者を抜き、九〇年の入管法改正時には、女子の短大と大学進学者が、男子の短大、大学双方の進学者をも抜き、名実ともに男子の高学歴化をしのいだ状況になっている。

しかも見逃せないのは、彼女たちの大学での専攻分野である（図3）。五〇年代には、教育や人文、家政が多かったのに、六〇年の半ばには、教育より人文系の方が圧倒的に多くなり、六〇年代後半以降は、社会科学系が急増し、八七年以降は教育系をも抜き九〇年代後半には、人文系に急接近している。たしかに教育系の減少は、少子化に伴う教員の削減抜きには語れないが、それでも教育系に取って代わったのが、人文系ではなく社会科学系であったということは興味深い。

女子が高学歴化するだけでも、彼女たちが将来の仕事に「水商売」などの接客業を選択する確率は少なくなるだろう。まして、ジェンダーや男女平等の思想を社会科学的にも身につけた女子が、「水商売」で身を立てるとは考えにくい。いわば豊かさに伴う日本側の女子をめぐるこのような変化が、途上国の女子をかつての日本の女子の代わりに仕立てているのである。それを国レベルでも公然と認めていたのが、現下の興行ビザであり、入管法ともいえる。

産業社会の富者と貧者の関係をメダルの表裏の関係とみて、一人の富者の背後に五〇〇人の貧者がおり、「少数者の裕福は多数者の赤貧を前提にしている」と喝破したのは、スミスである。グローバリゼーションのもとで、かつて国単位でおきていた貧富の生産、再生産が世界単位となり、これまで日本の女子に押しつけてきた「役割」を、現在は貧しい途上国の女子にやらせているのである。双方の女子が、このような「苦役」から真に解放されるのはいつのことなのだろうか。

〇四年一二月末の日本在住のフィリピン人は、一九万九三九四人である（〇五年末は、前述した通り一万二〇〇〇人減少）。これに超過滞在者約三万一〇〇〇人を加えると（『国際人流』第二一七号）、二二三万人強となり日本の外国人居住者の四位を占める。フィリピン人の特徴は、若い二〇〜三〇代の女子が多いことであり、彼女たちと日本人の結婚はこのところ平均でも六〇〇〇組を下らない。こうして生まれた子どもも年間五〇〇〇人を下らない。ところが、この日比混血の子どもがかかえる問題は、母親がフィリピン人でも、父親が日本人ということもあり、日本国籍を有するためなかなか可視化されにくい。

女工哀史の国際版

歴史は、舞台をかえて繰り返される。日本が世界経済にいよいよ深く関わり帝国主義的な矛盾を深めていく頃、つぶさに農村の疲弊を調査していた者がいた。猪俣津南雄である。かれが本格的に日本農村の詳細な調査に船出していったのは、一九二九年の世界大恐慌に大きく揺れた一九三〇年代前半からである。それだけにこのときの、かれの農村の貧困や女子の窮状に関する分析は、今日の途上国の貧困にもそのままあてはまる。

かれは、資本が農村を捉えた瞬間から自然経済は破壊され、半封建的な地主の小作料による搾取と資本の収奪が浸透・強化されるという(猪俣『窮乏の農村』)。この小作料捻出のため農民は、都市部の工場や農村部に進出してきた工場に婦女子を送りこむ。わずかの現金収入を得るため通常、朝の六時から夜の八時まで働くが、なかには朝の四～五時から夜の九～一〇時もまれではない。その結果、ある観察者によると農民の妻で若死にする者は、以前の女工経験者だという。そのため農民は、工場の進出を喜ばない。農地の管理もおろそかになり、土地の疲弊を恐れるからである。

農村への工場進出を喜ぶのは「滞った小作料をとりたてる地主や借金の利息を取り立てる金貸し業や滞りがちの税金を取り立てる村役場など」である。機械化も農民を幸福にしない。機械化は一見すると「半原始的な泥まみれの仕事から農民大衆」を「解放」するかにみえる。しかし、機械の導入には、莫大な金を必要とする。しかも機械は、年々性能が改良されていく。新式の機械化された農家に対抗するには、自分も年々新型の機械に更新して行かなければならない。

かくして、機械に依存すればするほど借金も膨れ上がる。機械こそは、自分たちの生活を破壊していくのだ。猪俣は、これを従来の貧困と区別して近代的貧困と呼んでいるが、この資本に従属した貧困は、今日の途上国の貧困にもそのまま当てはまる。違うのは、資本の動きが当然のことながら国内だけでは完結しないで、国外を含むかたちで世界的に近代的貧困に伴う移動がおきていること、それゆえ国外では、外国人として一切の人間としての権利も否定された状況に置かれることも珍しくないことである。

女工哀史の時代に、彼女たちの人間としての扱いが問題だったとすれば、今日は外国人労働者のあいだで人間としての扱いが問題になっている。

まかり通る「人買い」

外国人女性の「人買い」の実態に関しては、しばしばメディアでも報道されている。ここでは、視点を変えて日系南米人のケースを取り上げたい。

日系南米人の雇用形態の多くは、人材派遣業を通した業務請負による間接雇用である。間接雇用であることが、無保険や職場での日本人との交流の希薄化、滞在年数に比して日本語力の伸び悩み等の根源をなしている。人材派遣業者は、作業工程をまとめて請け負うことが多く、そこで働くのはすべて日系人となることが多いからである。

なぜかれ／彼女らは、人材派遣業に頼るのか。この関係は、送り出し国を出るときから始まっている。日系南米人の場合、日本に来るには、一人最低でも二五万円はかかる。もし四人家族なら一〇〇万円になる。前述したようにブラジルには、最低賃金制があり、それは三五〇レアルであるが、現在、日本に出稼ぎに来ている人は、年収が四〜五万レアルの人に多いといわれている。日本円にして年収二〇〇万円前後の人である。これらの人に、日本に来るだけで一〇〇万円相当の旅費はとても払えない。そこでこれらの経費をすべて立て替えてもらうのである。それと引き換えにかれ／彼女らは、派遣業者の意のままに働く。借金のある間は、パスポートも自分で管理できない状況に置かれて、月々の給料から自動的に差し引かれる生活を余儀なくされる。

ブラジルには、こうした派遣業者から日系人を守るため、公的な職業斡旋組織であるシアッテ(CIATE)と呼ばれる機関がある。正式には、「国外就労者情報援護センター」と呼ばれるものであるが、設立以来一二年間の間に送り出した数は、四〇〇人足らずである。同時期の相談ケースは、四万件を下らないのに、実際にこの公的機関を通して日本に来た者はその一〇〇分の一に過ぎない。これは、シアッテが公的機関のため、民間の派遣業者のように旅費を立て替えることができないからである。

ここには、出稼ぎ家族に特有な旅費の捻出ができない実態と日本語もままならない家族に代わって必要書類一切をまかなう民間業者との送り出し国以来の深い結びつきをみることができる。このような民間の派遣業者は、ほとんど日系人であり、なかには、日本で稼いだお金をつぎ込んで派遣業務をしている者も多い。派遣業者は、それなりにうまみのある仕事なのである。これは日系人どうしで、日系人を食い物にしているようなものである。

日系人のような合法的な就労者ですら、派遣業との関係はこのような状態なのだから、しばしばトラフィッキングと呼ばれる、不法就労者の虐げられている状態は、想像しても余りあろう。

市民権論議の背景

こうした本格的な人の移動や外国人の流入を背景に、今日、市民権をめぐる議論が盛んである。この背後には、労働力の国際移動の時代を迎え、人は、旧来のように生まれた国家でそのまま生活するとは限らないこと、そうなると国民以外の人の権利の保障手段として、あるいは、国民以外の人への権利付与を民主主義の成熟の証として、さらには国家の相対化により、国民であり続ける意味が低下するもとで、多くの国家を渡り歩くグローバル時代の新しい個人への権利付与の仕方として、市民権のあり方が注目されている。

もともと市民権の問題が注目されたのは、イギリスにおいてである。理由は二つある。一つは、社会福祉の進んでいたイギリスで、サッチャー前首相の改革以降、福祉の切り崩しがおき、望ましい福祉のあり方を議論する上で、マーシャルの市民権論が取り上げられたこと、二つは、福祉とは異なる外国人労働者の問題と絡んで、このアウトサイダーにも成員としての完全な権利を保障し、「統合」していく必要性との関連でシティズンシップの問題が議論されている。

しかし、これまでのシティズンシップ論で欠けていたものは、マイノリティや女性である。これは、シティズンシップ論が、もっぱら社会福祉の次元で語られ、マイノリティの問題としては議論されなかったからである。この一因は、シティズンシップの考察においてもっとも影響力のあるマーシャルにもある。かれは、階級的に分断されているイギリスの労働者階級にも中産階級と同等の権利を付与することで、分断された社会を統合することに関心があった。マーシャルの時代、社会を分断する脅威は、外国人より国内の労働者階級の方にあったのである。しかし、今日、統合の比重は、国内の労働者階級の問題より、国外から来たマイノリティの方にある。

こうしてシティズンシップの問題が、福祉からマイノリティの次元まで拡張されてくると、外国人労働者とジェンダーがらみでシティズンシップにも新しい光が投げかけられてきている。外国人は、すでにみてきた通りだが、ジェンダーでも女性や妻が正当なシティズンシップの対象にされておらず、福祉や給付の対象にされていない問題である。

またシティズンシップの議論は、国によってもされ方が異なる。伝統的に国民が階級的に分断されていたイギリスでは、一般に貧困との関連で議論され、アメリカではアンダークラスとみなされた人々が黒人層に集中していたこととの絡みで、人種との関係で議論される。公民権とは、かたちを変えた市民権のことである。

さらに福祉の授与の仕方も、民族によっても好むスタイルが異なる。それはインフォーマルな家族関係を通してと、フォーマルな公的機関・政府機関を通してのものである。移民労働者研究の世界でよく言われることは、メキシコ系移民労働者が、あまりシティズンシップを取得しようとしないことである。アメリカには、メキシコ系移民労働者が多いが、かれ／彼女らは、福祉は自分たちの親族ネットワークでカバーし、公的機関に頼ろうとしない。その代わり、国籍もメキシコのままにして、自由に両国を行ったり来たりする道を選んでいる。

国籍と市民権

では、旧来のように地球上の人がいずれかの国に所属しなければならない時代の国籍と、現在のように世界を渡り歩く人々への国籍に代わる権利保障としての市民権とは、どう異なるのだろうか。一般に国籍は、父祖伝来の国で生活している限り、親の国籍と同一なので、自分の国籍の有無を問うことはまずない。学校や医療保険、選挙、パスポートの取得等に関し、国籍の取得が一部前提になっていても、国籍は自然に与えられるものとの観念が強い。これは国籍が家族単位で管理され、継承可能なことに基づいている。

他方、市民権はといえば、原則的には個人単位で、継承は不可能である。従来の国民国家全盛の時代には、特定の領域に住んでいる人を国民とみなし、国が民衆を統治し、望ましい国民に育成する必要があったので、教育を義務化し、家族ごと、地域ごとに管理した。

しかし今日のグローバリゼーションの時代は、別に国際移動の時代ともいわれるように、人は生まれた所で学び、働き、老後を迎えるとは限らない。それどころか、仕事をする所と生活する所が、世界的に分離されつつあるもとでは、家族と終始生活をともにするとも限らない。こうなると国籍に伴う家族ぐるみの権利より、労働に伴う個人単位の権利の方が重要になる。つまり、権利の主体が、個人単位で、一代限りの方が機能的にして現実的となるのだ。

国籍と民族

では国籍と民族は、どのような関係にあるのだろうか。結論的なことをいえば、国籍と民族も重ならない。以前なら日本人が日本国籍をもつのは当たり前だった。しかし、世界のグローバル化が進行すると国籍と民族のズレもますます進行する。在日韓国・朝鮮人が、日本国籍を取得したがらない理由の一つは、国籍を取得しても民族性はそのまま残り、依然として差別される可能性があることにもよる。日本国籍を取得しても、「日本民族」になれるわけではなく、民族差別の根は残るのである。

しかし、最近では、これを逆手にとって帰化する人が増えている。国籍を取得しても民族性はそのまま残り、国籍はあくまでも生活上、便宜的なもので、民族性の保持は可能と考えてである。これなどグローバリゼーションの時代の国籍が記号化して、当人の民族性と乖離する例である。

これからも分かる通り国籍とは、あくまでも本人の法的な身分であり、生物学的な証ともいえる民族性とは合致しない。その意味では、民族性は本人の意思とも関わらない不変的なものであるが、国籍は本人の意思による可変的なものである。したがって民族性は、本人にとって半永久的なものであるが、国籍は過渡的なものである。今日国籍取得者のみが国家にいるのでなく、多くの非国籍取得者も居住する時代を迎えて、後者の人々の意思を汲み取る制度づくりが求められている。

ＥＵでは、〇四年一月一日に新規加盟の中・東欧を除き、加盟国内であれば自由に移動し、生活する自由が認められているが、そうなると国籍に依拠した権利とは異なる権利の付与の仕方が問題となる。ＥＵ構成国といえども国家を破棄したわけではないので、国民と異なる域内の定住外国人の権利は、何らかのかたちで保障しなければならない。そこで国籍に付随した権利と異なる市民権の重要性が認識されている。

市民権の内容として重要なのは、参政権であるが、それ以外にも労働や医療の各種社会権なり身体的自由に関する市民権が重要である。日本でも市民権の考えが根づくと、帰化しなくとも参政権や社会権、就労し生活する権利が満たされるので、日系南米人はもとより在日韓国・朝鮮人にとっても国籍を放棄せずに公務就労を含め各種の権利が取得できるのでメリットも大きいはずである。

日本の現実

しかし、日本を取り巻く状況には、依然として厳しいものがある。現在、外国人の地方参政権をめぐる問題が政党でも議論され始めている。しかし、外国人といっても永住者が対象であり、一定の居住年限を超えた定住外国人ではない。二〇〇五年末の永住者の総数は、八〇万一〇〇〇人強で、その五六・四%は特別永住者であるから、過去への配慮は少しはみてとれても、二一世紀の開かれた日本社会をどう構築するかという姿勢はみられない。目下のところは、外国人にも格差を設ける形で議論が行なわれている。

それだけではない。外国人の参政権が議論され始めると、にわかに帰化条件を緩和する動きがおきている。これまで日本の帰化条件は厳しく、戦前から日本で生活している在日韓国・朝鮮人であっても祖国から戸籍を取り寄せるなど、面倒な手続きが必要だった。日本生まれの人で両親もすでに鬼籍に入っている人などは、自分のアイデンティティは外国人登録で行なっており、戸籍のない人も多い。戸籍を探るとなると素人では困難で、そこで専門家に頼むと、取り寄せる資料にもよるが、一人数十万単位となり、家族で帰化するとなるとその金額はさらに膨らむ。これを自由意志による届出制にするというのである（「特別永住者の国籍取得特例法案」）。

しかし、これもその対象は、特別永住者だけである。従来、特別永住者といえども帰化には、相当に面倒な手続きが課されていたので、かれ／彼女らの間でこの案をめぐり賛否両論がおきるのも当然である。すなわち、届出制が導入されたらこの機会を逃すべきではないという意見（現実派）

と、帰化せずとも地方参政権を認めさせることの方が、自分たちはもとより他の外国人のためにも重要だとするもの（理念派）である。外国人の参政権が現実味を帯びてくるや帰化条件を緩和するというのは、やはり外国人のままでは参政権を認めたくないのであろう。日本国籍を取得してからの選挙権なら、当然のことだから日本は、今日のようなグローバリゼーションの時代においても、国籍至上主義の考えを変えていないことになる。

はじめにでも述べたように日本の外国人は、超過滞在者も含めると二〇〇万人を突破し、人口の一・六％になっている。地域社会の多民族化が進行しており、地域行政を考える場合、これらの外国人の意識や要望は無視できないものになっているが、長期滞在の在日韓国・朝鮮人の政治参加ですらこうであるから、これは市民権の理念が、日本ではほとんど理解ないしは定着していないに等しい。このことは、地域の構成員として「国民」のことは念頭にあっても、外国人「住民」をも同じ地域を構成する「市民」として考える観念がまだ成熟していないことを物語る。したがって、地域のすべての構成員の意思を反映した形で地域民主主義なり住民自治が行なわれているともいいがたい。今後の大きな課題である。

教育をめぐる諸課題

同じことが、教育の世界にもあてはまる。グローバリゼーションの時代になっても国籍至上主義の観念から抜けきれないところに、教育の目標も「国民教育」の理念が強い。それが学校現場での日本語至上主義となって現われている。

Ⅳ章でもみたように、これまで日本の学校は、学ぶ主体が、日本人児童・生徒であるとの思いと、ゆえに日本語ができるとの二つの前提があった。そこで学校によっては、早く日本語に習熟させるために、校門をくぐったときから母語を禁止している所もある。モノリンガリズムのもたらす奪文化主義の見本である。教員の早く学習に自信をもたせたい熱意はわかるが、外国人児童・生徒にとっての真の学力とはなんだろうか。

学校は、子どもに生きる力を付与する場のはずである。子どもがこれまで身につけてきた、あるいはこれからも身につけるであろう力を財産として尊重すること、その上で本人のエンパワメントを引き出すことが学校教育の基本である。日本の社会や学校が、国民至上主義、日本語至上主義にならずに、多文化への配慮をもち、児童・生徒を「国民」にするばかりではなく、世界の「市民」にするための教育を心がけただけで、生徒の学力に対する見方も大きく変わるに違いない。その意味でもグローバリゼーションの時代、地域においても学校においても、国籍から市民権へ、「国民」だけの教育から「市民」としての教育への発想の転換が求められている。

動員の時代から多文化の時代へ

こうしてみると今日の社会は、大きな歴史的転換期にあるといえる。経済学者は二〇世紀を動員の世紀と規定している。なぜなら二〇世紀は、資本主義が国民国家単位で巨大な成長を遂げた時代である。各国民国家は自己のアイデンティティを確認しつつその国域拡大のため、多くの戦争を行ってきた。戦争を通して各国民国家のアイデンティティを確認し、何よりも領域化を行ってきた。この場合、国民のアイデンティティ確認の方法として採用されてきたのが、共通の習慣、文化、遊び、そして消費や余暇などであった。すべてのメディアを通して自国の人々に共通するものが確立されていった。これらに対して国民は、すべて総動員され、同じことをするように仕向けられ、事実同じことをして、こうして二〇世紀の国民国家は他国との差異を通して確立されていった。

このような総動員体制による国民国家の形成方法に大きな寄与を果たしたのは、アメリカであった。アメリカは移民の国であり、各成員が言語や文化の異なる人々の集合体だったので、同じ消費スタイルをもつことで「アメリカ人」になっていった。アメリカナイズとは、何よりも異なった文化、言語、民族の人々が、まずは消費を通して共通の生活をエンジョイするように訓練されることをさす（斉藤『国家を超える市民社会』）。

このような総動員体制の産業スタイルは、フォーディズムである。フォーディズムとは、大量に同じやり方で生産されたものを、これまた同じようなやり方で消費していく、大量消費のあり方である。ここでは、みんなと同じであることがなによりも重要な意味をもつ。

しかし時代は、みんなと同じであることだけで意味をもった時代から訣別しつつある。ポスト・フォーディズムになり、ポスト・モダンな現代にあっては、一人ひとりがかけがいのない個人であることが大切にされる。そうなると同じ物を大量に生産しても大量に消費されるとは限らない。こだわりの時代となり、多文化の時代となる。

多文化とは、何も外国人を意味しない。同国人どうしが多文化なのである。先に引用した書のなかで斉藤氏は、このような時代をメルッチにならってノマドの時代という。ノマドとは、固定しないで流動的であり、一義的ではなく多様性に富み、自己のアイデンティティを国民であることによって確認するのではなく、ほかの多くの関係とのなかで変幻自在に演じていく、多様性に富む自己のことである。一瞬、一瞬を決められた自己で通すのではなく、状況にもっともふさわしい自我で適応して生きていくことが求められている。

違いを認め合うこと

前にⅡ章で、違いを違いとして受け止め、自らも豊かにする方法の確立は急を要するといったが、これは外国人の子どもを受け止めるためだけではない。日本が多文化への配慮を欠いていたツケは、現在、多くの日本人生徒の不登校という形で現れている。不登校の統計は一九六六年に「学校嫌い」という項目で始まった。一時期下がったこともあったが、七五年以来は一貫して増え続け、九一年からは年間五〇日から三〇日以上の欠席者に代え、早期発見を目指したにもかかわらずそれ以降も増え続け、減少に転じたのはごく最近である。

不登校の原因は、多くの要因が絡んでおり、一人ひとり異なるが、少なくとも底辺には外国人児童・生徒と同じ問題が、すなわち各自の個性を尊重すべき学校が、一人ひとりの個性を認めず、みんなを「同化」の対象として扱い、評価する、これまでの学校文化が少なくとも関係している。生徒には、進度の速い子もいれば遅い子もいるし、文字文化に向いている子、向かない子、教室内で積極的な子、むしろ教室外で積極的な子等さまざまである。

教育の本来の目標が、まさに個々人に内在している固有の資質の開花にあるとするならば、各自の個性に即した方法が目指されなければなるまい。その意味で教育とは、本質的に個人主義的で多文化的な営みである。日本の子どもが日本語という共通言語を話すからといって、かれ／彼女らの多文化的側面を見失ってはならない。日本の一人ひとりの生徒も、言葉は共通でも各自の個性は大いに異なり、本質的に多文化・多個性的な存在なのである。

高校中退激増は何を物語るのか

義務教育段階からの学校離脱として不登校が脚光を浴びているが、その陰でそれにまさるとも劣らない大きな問題を提起しているのは、このところの高校中退者の激増である。全日制、定時制ともに増加傾向にあり、特に外国人生徒の中退率はさらに高い。

これまで本稿では、外国人生徒の高校入学を特別枠や入試制度の多様化等により広げることを提唱してきた。しかし、外国人生徒に接する教員が異口同音に強調するのは、入れるだけでは不十分であり、出口の保障も必要というものである。ともすると外国人をめぐる教育問題は、入れることに集中しがちだが、入ったあとの中退者が多いのである。

〇五年に文部科学省は、はじめて高校生の不登校のデータを公表したが、全国の国公私立高校の不登校生徒数は、六万七五〇〇人で総在籍者中の一・八二％であった（『日本経済新聞』二〇〇五年九月二三日）。しかしこれが定時制になると、一四・八％にもなり、さらに定時制の学年別では一年生が二〇・一％ともっとも高かった（Fonte 二〇〇五年一〇月一日）。二〇％といえば、五人に一人である。近年、定時制に占める外国人生徒の比が高まりつつあること、また定時制の改組が進んでおり、全日制並みに進路の厳しい高校も増えていることは、I章でも紹介した。

東京都の動向などをみていると、かれ／彼女らを取り巻く背後の問題もみえてくる。それは、高校になると教科内容は一段と難しくなるのに、中学段階で十分な学力がついていないこと、基本となる日本語力がついていない場合などは、ほとんど教科の内容が理解できないことである。その結果、学年が上がるたびにしだいに学校に対する関心が失われていくのである。

また再三言及しているように、都内の外国人に対する特別枠は、中国帰国生に対する九校のみのため、せっかく入学しても学校の雰囲気が合わない、遠距離通学を余儀なくされるなどの問題がおきてくる。本来は、全都立校に外国人枠を設けるべきなのに、選択のチャンスが著しく制限されているのである。もし全校受け入れが困難ならば、一校あたりの受け入れ枠を少なくして、その分、受け入れ校を増やすだけでも遠距離通学等の問題は緩和される。

しかしせっかく入学した高校が自分に合わないという悩みは、外国人生徒だけではない。日本の高校生も含めてである。日本の高校中退者でもっとも多い理由は、全日制、定時制ともに「進路変更」というものである。進路変更とは、具体的に言えば、入学した学校が嫌で中途退学することである。全日制の場合は、中退後定時制にいく子もいるが、それほど多いわけではない。こうした生徒のなかには、授業内容がわからなくて、進路変更する者も多いが、さらに画一的な教育に嫌気をさして止めていく者も多い。

義務教育段階でも問題になっている画一的教育は、以前の日本の学校がもっとも重視した教育方法である。遅れて近代国家の仲間入りした日本の学校は、どうしても多くの児童・生徒に、画一的な教育を施し、全体のレベルを向上させることをもっとも重視してきた。いまこの画一的な教育が、生徒から挑戦を受けているのである。高校生というもっとも多感な時代、多様な個性が噴出する時代に合わなくなってきているのである。

単位制高校や総合制高校など、高等学校も多様化しているのは、生徒の多様なニーズに合わせた試みとも思われる。高校を中退するということは、多くのニートを生み出す原因ともなりかねない。問題は、単なる高校生の教育対策ばかりではなく、日本社会の雇用対策にも関わるのである。

繰り返しになるが多文化とは、文字通り一人ひとりの文化であり、同一の国家にも多様な文化があり、それは地方によっても異なる。またそこには、先住民や外国人の文化も含まれる。それだけに、一人ひとりの文化を重視する立場からすれば、教育とは本質的に「個人主義的」な営みなのである。

グローバリゼーション時代の教育

こうなると日本の教育界も大きな曲がり角にきている。これまでの日本の教育理念を一言でいえば、すべての人間はみな同じとする形式的な平等の理念である。この理念は、権利面では貧富の差、出生の差、性別の差なく教育への平等な権利を保障する上では重要である。しかし、そこからこの理念が各自の個性や文化にも適用されると、実質的にみな同じように行動することが期待される「同化」となってしまう。協調性はたしかに重要ではあるが、それは個の滅却の「強制」によるのではなく、個の発揮による「共生」にこそ意味がある。比喩的にいえば、同質的であるがゆえに機械的に連帯するのではなく、異なるがゆえに違いを超えて有機的に連帯することこそ意味もあり、豊かなのである。いまこの違いを基にした教育原理の確立が、学びの場で求められている。

このためには、違いを違いとして違ったまま受け止める教育が求められている。それには、教室での授業も同一学級同一授業というのではなく、グループごとの進行別、関心別の指導があってもよい。また、外国人も含めてまったく同一の課題、同一のテスト、同一の基準評価でなくともいいのではあるまいか。

ある外国人の集住地域の学校では、外国人生徒が日本の生徒と同じ課題をしないことをずるいとみていじめが始まったという。これなどは、生徒の置かれている条件の差をみないで、ただすべての人間が同じことをするのを平等とみる観念が生徒にも骨の髄まで浸透していることを示している。単なる機会の平等ではなく結果の平等を重視するなら、一人ひとりの条件を加味した課題が提起されるべきである。

ただし、この場合、外国人の生徒からむしろ日本人の生徒と区別することを疑問視する意見もあるので、これを行なう場合には、各自の能力に対するその子に即した教員の的確な判断と生徒の要求を重視する必要がある。その意味でも教育とは、マン・ツー・マンに即した試みなのである。少子化で教室にも余裕のあるいま、いろいろな指導方法が目指されてよい。

外国人の子どもの評価を日本語だけで評価するのではなく、母語で評価する方法の確立、そのためには、外国語も英語だけではなくもう少し多様な言語を課すシステム作りが必要である。ちなみに中学校や高校での学習指導要領の教育課程に課される外国語は、英語ではなく外国語であり、それもかつ選択科目としてである。選択といっても個人の選択ではなく、学校選択が前提で必修扱いにはなるが、地域の多文化状況に応じ英語と並んで他の外国語科目がカリキュラムに検討されてよいだろう。

外国人児童・生徒に対してもこのような多様な取り組みがなされたとき、例えば日本の不登校児童・生徒に対しても、それを問題行動とみるのではなく、その子なりの自己表現・存在の証として受け止めるゆとりも生まれてくるのではないだろうか。その意味では、多文化共生や統合とは、何も外国人との関係に限定されるものではない。

このようなゆとりが可能になったとき、たとえ外国人児童・生徒を迎えても、全員同質的なクラスに一人の異質な生徒の転入ととるのではなく、全員異なるクラスに、もう一人、個性の違う生徒の来校と受け止めることもできるだろう。グローバリゼーションの時代、いま、このような教育界での発想の転換が求められている。

多文化共生とは何か

こうして多文化共生とは何かを、現在の日本の教育現場に即して論じるところにきた。社会のあらゆる領域で「多文化」化が進行しているおり、最後に、いま学校に求められていることは何かを箇条的にまとめておこう。いちいち断わらないが、以下のことは多くの点で日本の子どもにもいえることである。

1　日本のナショナル・マイノリティであるアイヌや沖縄の人々への関心を高め、学校教育の段階でかれ／彼女らの生活・歴史・文化をきちんと教えること。

2　日本のエスニック・マイノリティである、在日韓国・朝鮮人の人々の居住するようになった歴史的経過、かれ／彼女らの固有の文化、伝統、生活を尊重し、学校教育でもこれらを教授し、在日韓国・朝鮮人の生徒が一定数以上通学する学校では、公教育のなかでもマイノリティの言語を教えることも可能にすること。

3　中国帰国生には、例えば東京都では、高校進学に関して、現在九校の特別枠があるが、日系南米人を中心とするニューカマーには、このような進路保障はなされていない。中国帰国生に比べてかれ／彼女らの生活や学校へのアクセスが恵まれているわけではないので、ニューカマーのすべての子どもたちにも同じ進路保障をはかっていく必要がある。

4　多様性こそ豊かさの証とみるならば、結果の平等を実現するために、義務教育段階での教育は、日本人と同様のことをやらせるのではなく、かれ／彼女らの置かれている状況に応じた指導・教授がなされてよい。そのためには、学級全員に目配りのいく少人数教育が不可欠である。このところの法改正で学級編成の弾力化も行なわれているので基礎自治体や各学校は、何が可能かを明確化しつつ、日本での滞在日数や日本語力の違いに応じた個別指導を行ない、課題や成績評価も、やる気や到達目標を考慮した全人格的なものにする必要がある。

5　従来の教育理念は、富める者も貧しい者も誰もが同じという平等の理念であった。しかし共生とは、差異を前提とし、その差異を認めた上で共存することである。人はみな異なるのであり、異なるから価値もある教育原理が確立されてよい。その場合のキーワードは、人権である。人権は、差異にもかかわらず共通に尊重されるものである。

6　外国人児童・生徒の能力は、ともすると日本語にどれだけ習熟しているかを基準に評価されがちである。しかし多文化共生社会とは、母語も日本語と同じように評価され、維持されることが目指されなければならない。そのためには、母語も受験科目に加えられるような配慮が望ましい。受験科目に加えられることは、母語の評価を高めることにも役立つし、かれ／彼女らのアイデンティティを高め、学習効果も増す。

7　日本の児童・生徒の不登校に関しては、全国的なデータもあり、その解決をめぐって多くの方策が練られている。しかし、同世代の外国人児童・生徒に関しては、全国的なデータも対策もとられていない。小学校上級生から中学生にかけてどのような学びをするかは生徒の生涯を決定的に左右する。各自治体はいっときも早く、外国人児童・生徒の不就学の実態を調査し、対策を講じるべきであり、文部科学省は、各自治体に調査と有効な対策を講じるよう指導すべきである。

8　外国人児童・生徒が日本の学校で日本人と対等に競争するのは容易ではない。特に高校受験は、外国人生徒にとってかなりの難関である。日本人生徒の高校進学率が九七％を超え、高卒が義務化している現在、外国人生徒の高校進学を保障して、将来採用の段階で資格不備で排除される原因をなくすのみならず、中退者も多いので入れるだけではなく卒業までのケアが必要である。

9　多くの調査によると各地域の外国人児童・生徒の学習支援教室は、学校でなかなかかれ／彼女らに手の回らない教員や外国人児童・生徒の父母はもとより、さらには本人たちにも大きな支えになっている。本来このような支援体制は、外国人児童・生徒の多い学校内部にも存在するのが望ましい。

10　学校を真に多文化共生教育の実現される場にするには、教員（特に管理職）から変わらなければならない。外国人児童・生徒の提起している問題は、かれ／彼女らを担当している教員だけの問題ではなく、教員一人ひとりの問題として、学校全体で受けとめられなければならない。

11　マイノリティ担当教員の学校内部でのマイノリティ化を回避するには、このような教員の選出の仕方も工夫されるべきである。過去の蓄積が継承されるよう配慮し、順送りの選考方法や新任教員への押し付けでは、学校は変えられないことを銘記すべきである。

12　学校ソーシャルワーカーを制度化し、かれ／彼女らを常勤化するとともに、場合によっては、児童・生徒の母語のできる外国人の採用を積極的に行なうことである。

13　最後に、多くの国際条約を批准している観点から、外国人登録の義務づけられている対象者の小・中学校教育は義務化して、各地域の教育委員会がその履行を追跡できるよう文部科学省が指導できるようにすること、日本の学校を選ばなかった子どもの通う民族学校やインターナショナル・スクールには、基準をもうけてそれを満たした学校には、私学助成並みの支援をすることである。そのためには、外国人登録者の転入・転出を住民登録並みの扱いに近づける必要があるが、外国人児童・生徒の日本の学校での教育が義務でないことをもって、教育委員会が放置することのないようにする必要がある。

おわりに

最近、外国人児童・生徒の不登校問題が注目されている。日本人児童・生徒の不登校問題も、十分には解決をみていないさなかに、また新たな課題が提起されている。日本人の不登校に関しては、それを一つの生きるスタイルと肯定的に受け止める姿勢も多くなってきたが、外国人児童・生徒の場合は、本人の意思以前に日本の学校制度がかれ／彼女らを切り捨てている現実もあり、構造的な問題を抱えている。本書では、その辺を意識しながら論じたつもりである。

さらに心がけたのは、はじめにでも述べたが、ニューカマーの不登校問題を論じる書が増えつつあるなかで、本書では、オールドカマーの問題を真剣に解決しなかったところに、今日的問題の根源をみる立場から、ニューカマーの教育問題をオールドカマーの問題と切り離さないで論じようとしたことである。分量からみると、ニューカマーの児童・生徒の問題に多くはさかれているが、基本姿勢としてはそのつもりで書かれている。ただそうなると、取り上げる範囲も広範に及ぶため、思い違いをしていることもあると思われる。いろいろご教示をいただければ幸いである。

本書を作成する上で、多くの方々の協力を得た。ここでは最小限の謝辞にとどめざるを得ないが、以前から研究会にお誘いいただき、日本のみならず海外との比較研究においても多大な啓発をいただいている現法政大学大学院教授宮島喬氏、並びに氏を中心とした研究会のみなさんに厚くお礼を申し述べたい。本書で展開されているものには、研究会で触発されたものが少なくない。

また、本書出版前にペルーとブラジルを案内してくれた、文教大学の山脇千賀子氏、静岡芸術大学のイシカワ・エウニセ・アケミ氏にもこの場を借りて心から感謝を申し上げる。両氏の協力により、〇四年八月、日系南米人の送り出し先であるペルーとブラジルを訪問する機会を得たが、両氏の配慮のおかげで、短期滞在ではとても不可能な学校や地域にまでたどり着くことができた。お二人の協力なくしては、このつたない本書もいっそうつたないものに終わったことを思い、あらためてお礼を申し上げる次第である。

さらに、本書の中間論文やアイデアの時点から完成するまで、友人の堀池眞一氏にいくつか目を通していただき、貴重なコメントをいただいた。氏の教育に対する情熱と見識から、学んだものも少なくない。日ごろからの支援に感謝する次第である。また、立教大学社会福祉研究所研究員の田房由起子さんにも、内容の重複等をチェックしていただいた。

筆者は、現在、都内のいくつかの外国人児童・生徒と共に学ぶ研究会や組織に所属し活動しているが、なかでも「多文化共生教育研究会」「東京の日本語教育、日本語学級を考える集い」「〈多文化共生をめざす〉在日韓国・朝鮮人生徒の教育を考える会」、さらに夜間中学、定時制高校の教員との自由な懇談からも多くを学んでいる。これらの方々にも感謝したい。

本を書くということは、編集者と著者との「協奏」だとの想いをあらためて感じている。勁草書房編集部の藤尾やしおさんが研究室を訪問されたのは、ほぼ二年も前になろうか。以来、催促されるのでもなければ、せかされるわけでもなく、じっくり考える余裕を与えていただいた。脱稿時点で指摘されたコメントにも、全面的に応える形で取り込んでよかったと思っている。貴重な感想に謝意を表するしだいである。

本書は、ここ二年くらいの間に集中的に取り組んだものであるが、その間いくつかの編集企画と重なり、先に一部の原稿を公表したものもある。今回、大半に大幅な加筆が施されているが、各章ごとに執筆時期を注記すれば次のようである。

序章　書き下ろし。

Ⅰ章　「日本における外国人の子どもの教育――マイナーな教育機関の昨今の動向を中心に」THE JOURNAL OF PACIFIC ASIA 10, International Migration: A Changing Asia and Beyond, The Committee for Research on Pacific Asia, 2003, 7 を大幅に加筆し再編。

Ⅱ章　「多文化共生とは何か――いま学校教育に問われていること」「多文化教育と進路保障」、国民教育文化総合研究所『「多文化」化の中での就学・学習権の保障』二〇〇三年のものを一部転用しながら大幅に加筆し再編。
Ⅲ章　書き下ろし。
Ⅳ章　書き下ろし。
Ⅴ章　「多文化に開かれた教育に向けて」宮島喬・太田晴雄編『外国人の子どもと日本の教育』東京大学出版会、二〇〇五年に一部加筆・修正。
Ⅵ章　書き下ろし。
Ⅶ章　「グローバル時代の教育と市民権」『平和・コミュニティ研究』立教大学平和・コミュニティ研究機構編、唯学書房、二〇〇五年。

本書には、二〇〇一〜〇二年度、二〇〇三〜〇五年度の科学研究費補助金と、一九九九年、二〇〇五年の日本経済研究奨励財団奨励金の一部がもとになっている。これらの機関にもお礼を申し述べたい。

参考文献

本書は、研究者もさることながら、日本語教員や外国人児童・生徒、しょうがい者並びにかれ／彼女たちを支援するボランティアの人々をも念頭に書かれているので、あえて、注の多い専門書の体裁はとらないことにした。引用文献等の表示は、本文にカッコを設け必要最低限、表示することにしたが、執筆上、参考にした文献は以下のものである。


芦部信喜（高橋和之　補訂）二〇〇四『憲法』岩波書店。

Anwar. M., 1996, *British Pakistanis: Demographic, Social and Economic Position*, Centre for Research in Ethnic Relations（佐久間孝正訳　二〇〇二『イギリスの中のパキスタン――隔離化された生活の現実』明石書店）。

アダム・スミス（大内兵衛・松川七郎訳）一九七六『諸国民の富』四巻、岩波文庫。

アジア・太平洋人権情報センター編集・発行　二〇〇五『多文化共生の教育とまちづくり』。

蘭信三編　二〇〇〇『「中国帰国者」の生活世界』行路社。

『朝日新聞』二〇〇二年二月二七日、二〇〇五年二月一四日、二〇〇五年二月一五日。二〇〇五年五月一五日。

Development Action for Women Network（DAWN）2003 *Pains and Gains: A Study of Overseas Performing Artists in Japan—from Pre-Departure to Reintegration*（DAWN - Japan 訳　二〇〇五『フィリピン女性エンターテイナーの夢と現実――マニラ、そして東京に生きる』明石書店）。
江川英文・山田瞭一・早田芳郎　一九九七『国籍法』法律学全集五九―Ⅱ、有斐閣。
Fonte 全国不登校新聞社　二〇〇五年一〇月一日。
藤田英典　二〇〇五『義務教育を問いなおす』ちくま新書。
外国人集住都市会議　二〇〇五『外国人集住都市会議 in 豊田　報告書』。
Habbestad, J., 1994, *Christian Academy in JAPAN 1950–1994*, New Life League.
浜松市企画部国際交流室　一九九六『浜松の国際化、国際交流のあらまし』。
畑野勇他編　二〇〇〇『外国人の法的地位――国際化時代と法制度のあり方』信山社。
法政大学比較経済研究所　一九九八『日系人雇用サービスセンターの活動について』Institute of Comparative Economic Studies Hosei University (ICES), Working Papers, No.62.
井出孫六　二〇〇四『終わりなき旅――「中国残留孤児」の歴史と現在』岩波文庫。
池上重弘編　二〇〇一『ブラジル人と国際化する地域社会』明石書店。
猪俣津南雄　一九八二『窮乏の農村』岩波文庫。
イシカワ・エウニセ・アケミ　二〇〇三「ブラジル出移民の現状と移民政策の形成過程――多様な海外コミュニティとその支援への取り組み」駒井洋監修、小井土彰宏編『移民政策の国際比較』講座『グローバル化する日本と移民問題』第Ⅰ期第三巻、明石書店。
イリイチ・I（東洋、小澤周三訳）一九八三『脱学校の社会』東京創元社。
伊藤周平　一九九六『福祉国家と市民権――法社会学的アプローチ』法政大学出版局。

伊豫谷登士翁　一九九三『変貌する世界都市』有斐閣。
――――　二〇〇一『グローバリゼーションと移民』有信堂。
門田光司　二〇〇二『学校ソーシャルワーク入門』中央法規。
解説教育六法編集委員会　二〇〇一『解説　教育六法』三省堂。
梶田孝道・丹野清人・樋口直人　二〇〇五『顔の見えない定住化――日系ブラジル人と国家・市場・移民ネットワーク』名古屋大学出版会。
神奈川県教育文化研究所　二〇〇一『学習と進路の保障をもとめて』神奈川県教育文化研究所。
苅谷剛彦　二〇〇二『教育改革の幻想』ちくま新書。
――――　二〇〇三『なぜ教育論争は不毛なのか――学力論争を超えて』中央公論社。
河東田博他編　二〇〇二『ヨーロッパにおける施設解体――スウェーデン・英・独と日本の現状』現代書館。
木棚照一　二〇〇三『逐条註解　国籍法』日本加除出版。
KOBE外国人支援ネットワーク編　二〇〇一『在日マイノリティ・スタディーズI　日系南米人の子どもの母語教育』神戸定住外国人支援センター。
児島明　二〇〇六『ニューカマーの子どもと学校文化――日系ブラジル人生徒の教育エスノグラフィー』勁草書房。
『国際人流』一九九六〜二〇〇四　No・一一五、一六六、一七六、一七七、二〇四、二一二、二一七の各号、入管協会。
厚生労働省大臣官房統計情報部編　二〇〇三『人口動態統計』上巻、財団法人構成統計協会。
学校教務研究会編　二〇〇四『詳解・教務必携』ぎょうせい。

Gibson. M. A., 1976, *Approaches to Multicultural Education in the United States : Some Concepts and Assumptions*, Anthropology and Education Quarterly, Vol.7, No. 4.
ギデンズ・A（佐和隆光訳）二〇〇二『暴走する世界』ダイヤモンド社（Giddens. A, 1999, Runaway World, Profile Books）。
――（松尾精文他訳）一九九五『社会学』改訂新版、而立書房（Giddens. A, 1993, Sociology, Polity Press）。
堀尾輝久　一九八五『教育基本法をどう読むか――教育改革の争点』岩波ブックレット。
前田修身・本多庸二・能登八郎編　二〇〇五『外国人の入国・在留手続』全訂、法律情報出版。
松井やより　一九八七『女たちのアジア』岩波新書。
松本一子　二〇〇二「外国人学校の動向」『東海地域の新来外国人学校　増補改訂版』今津孝次郎・松本一子編、名古屋大学大学院教育発達科学研究科教育社会学研究室。
民主党プレス民主編集部　『民主』二〇〇五年五月六日、一二三号。
宮島喬編　二〇〇〇『外国人市民と政治参加』有信堂。
――　二〇〇三『共に生きられる日本へ――外国人施策とその課題』有斐閣。
――・太田晴雄編　二〇〇五『外国人の子どもと日本の教育――不就学問題と多文化共生の課題』東京大学出版会。
宮島利光　一九九六『アイヌ民族と日本の歴史――先住民族の苦難・抵抗・復権』三一書房。
文部省編　一九九七『諸外国の学校教育』中南米編。
森茂岳雄　二〇〇一「学校と日本型多文化教育――社会化教育を中心として」、駒井洋監修・広田康生編『多文化主義と多文化教育』『講座・外国人定住問題』第三巻、明石書店。

村井実全訳解説　一九九四『アメリカ教育施設団報告書』、講談社学術文庫。
中島智子　二〇〇四「公教育における外国人学校の位置づけに関する試論—私立学校であり民族学校であるということ」『プール学院大学研究紀要』四四号。
奈良県外国人教育研究会　一九九九『在日外国人教育Q&A』全国在日朝鮮人（外国人）教育研究協議会。
『日本経済新聞』二〇〇二年一〇月一八日、二〇〇四年九月一二日、二〇〇五年八月二六日、二〇〇五年九月二二日、二〇〇五年九月二三日、二〇〇五年一二月一九日。
小川正人　一九九七『近代アイヌ教育制度史研究』北海道大学図書刊行会。
小川正人　二〇〇六『市町村の教育改革が学校を変える——教育委員会制度の可能性』岩波書店。
岡本雅享　二〇〇三「文部省の国際人権条約違反」『RAIK通信』第七八号、在日韓国人問題研究所。
奥田安弘　一九九七『市民のための国籍法・戸籍法入門』明石書店。
———　二〇〇三『家族と国籍—国際化の進むなかで』有斐閣。
小内透・酒井恵真編　二〇〇一『日系ブラジル人の定住化と地域社会』お茶の水書房。
———編　二〇〇六『日系ブラジル人のトランスナショナルな生活空間』北海道大学大学院教育学研究科教育社会学研究室。
太田晴雄　二〇〇〇『ニューカマーの子どもと日本の学校』国際書院。
———　二〇〇二「教育達成における日本語と母語—日本語至上主義の批判的検討」講座『国際社会』二、「変容する日本社会と文化」宮島喬・加納弘勝編、東京大学出版会。
大久保真紀　二〇〇四『ああわが祖国よ』八朔社。

大沼保昭　一九九三『新版・単一民族社会の神話を超えて』東信堂。

――――　二〇〇四『在日韓国・朝鮮人の国籍と人権――在日韓国・朝鮮人と出入国管理体制』東信堂。

――――・徐龍達編　二〇〇五『新版　在日韓国・朝鮮人と人権』有斐閣。

大阪府在日外国人教育研究協議会、『二一世紀を展望する多文化共生教育の構想―府外教のめざす在日外国人教育』大阪府在日外国人教育研究協議会。

ピケロ-バレスカス、M・R（角谷多佳子訳）二〇〇三「フィリピン人―内部からの貢献」、駒井洋監修、駒井洋編『講座　グローバル化する日本と移民問題』第Ⅱ期第六巻『多文化社会への道』明石書店。

李節子　二〇〇五「子どもの国際化の現状と課題」『子どもの虹情報研修センター紀要』No・3、日本虐待・思春期問題情報研修センター。

Rutter. J., 1994, *Refugee Children in the Classroom: including a comprehensive information briefing on refugees in Britain*, Trentham Books.

――――, 2003, *Supporting Refugee Children in 21st Century Britain: a compendium of essential information*, Trentham Books.

――――, and Jones. C, 1998, *Refugee Education: Mapping the Field*, Trentham Books.

坂中英徳　二〇〇一『日本の外国人政策の構想』日本加除出版。

佐久間孝正　一九九八『変貌する多民族国家イギリス――多文化と多分化にゆれる教育』明石書店。

――――　二〇〇三「多文化共生とは何か――いま学校教育に問われていること」『「多文化」化の中での就学・学習権の保障』『教育総研・多文化共生教育研究委員会報告書』、国民教育文化総合研究所。
―――　二〇〇三「多文化教育と進路保障」『「多文化」化の中での就学・学習権の保障』『教育総研・多文化共生教育研究委員会報告書』、国民教育文化総合研究所。
―――　二〇〇四「ペルー及びブラジルの日系コミュニティを訪問して」『Newsletter』No.6　立教大学・人の移動と文化変容研究センター。
斉藤日出治　一九九八『国家を超える市民社会――動員の正規からノマドの世紀へ』現代企画室。
サンパウロ人文科学研究所　一九八八『ブラジルに於ける日系人口調査報告書――一九八七・一九八八』。
社団法人　二〇〇四　日本経済団体連合会『外国人受け入れ問題に関する提言』
庄司興吉　一九九九『地球社会と市民連携――激成期の国際社会学へ』有斐閣。
―――編　二〇〇四『情報社会変動のなかのアメリカとアジア』彩流社。
就学事務研究会　一九九三『就学事務ハンドブック』第一法規。
師岡康子　二〇〇三「すべての民族学校に大学入学資格を」『ＲＡＩＫ通信』第八二号、在日韓国人問題研究所。
志水宏吉・清水睦美編　二〇〇一『ニューカマーと教育――学校文化とエスニシティの葛藤をめぐって』明石書店。
出入国管理法令研究会編　二〇〇〇『入管法Ｑ＆Ａ』改定二版、三協法規。
―――編　二〇〇四『出入国管理・外国人登録、実務六法』日本加除出版。
鈴木勲編　二〇〇二『逐条・学校教育法』学陽書房。
〈多文化共生をめざす〉在日韓国・朝鮮人生徒の教育を考える会　二〇〇五『木苺』No・１２２。

宗景正　二〇〇五『夜間中学の在日外国人』高文研。
田房由起子　二〇〇六「難民の社会統合とコミュニティの役割——ベトナム系アメリカ人の事例から」『親・子の移動のグローバル化と市民権の国際比較』二〇〇五年度科学研究費報告、代表　佐久間孝正。
武川正吾　一九九二、『福祉国家と市民社会』法律文化社。
多文化共生センター・東京21　二〇〇一『中学生のための進路ガイダンス—卒業したら、どこで何するの？』多文化共生センター。
——　二〇〇二『東京都二三区の公立学校における外国籍児童・生徒の教育の実態調査報告』多文化共生センター。
田中宏編　二〇〇二『在日コリアン権利宣言』岩波書店。
——　二〇〇四「民族学校が直面する問題」『ＲＡＩＫ通信』第八五号、在日韓国人問題研究所。
『東京新聞』（東京版）二〇〇六年四月二九日。
東京都高等学校教職員組合　二〇〇三『定時制闘争の記録』。
東京都教育庁総務部教育情報課編集・発行　二〇〇四『教育二〇〇四』。
坪谷美欧子　二〇〇五『「永続的ソジョナー」中国人における重層的アイデンティティの構築——中国からの日本留学にみる「国際移民システム」』（立教大学学位請求論文、未公刊）。
恒吉僚子　一九九二『人間形成の日米比較——かくれたカリキュラム』中公新書。
植田晃次・山下仁編　二〇〇六『「共生」の内実』三元社。
ウリハッキョをつづる会　二〇〇一『朝鮮学校ってどんなとこ？』社会評論社。
海野福寿　二〇〇四『韓国併合』岩波書店。

渡部昭男　二〇〇二『障害児の就学・進学ガイドブック』青木書店。
山之内靖・酒井直樹編　二〇〇三『総力戦体制からグローバリゼーションへ』平凡社。
山脇千賀子　一九九九「人の移動・国家・生活の論理」木畑洋一・清水透他編『〈南〉から見た世界〇五ラテンアメリカ―統合圧力と拡散のエネルギー』大月書店。
矢野泉　二〇〇六「アジア系マイノリティの子ども・若者の居場所づくり」『横浜国立大学教育人間科学部紀要Ⅰ』（教育科学）No・8。
結城忠編　二〇〇四『教育法規――重要用語三〇〇の基礎知識』明治図書。
『在留外国人統計』平成一六年版、平成一七年版　二〇〇四、二〇〇五、いずれも入管協会。
『全国夜間中学校研究大会記念誌』第四八～五〇回　二〇〇二～二〇〇四。
全国夜間中学校研究会第五一回大会実行委員会編　二〇〇五『夜間中学校――一三三人からのメッセージ』東方出版。

著者略歴
1943年生まれ
1970年　東北大学大学院教育学研究科教育学専攻博士課程中退
現　在　東京女子大学名誉教授、元 立教大学教授
著　書　『移民大国イギリスの実験——学校と地域にみる多文化の現実』（勁草書房、2007年）
『外国人の子どもの教育問題——政府内懇談会における提言』（勁草書房、2011年）
『在日コリアンと在英アイリッシュ——オールドカマーと市民としての権利』（東京大学出版会、2011年）
訳　書　M.アンワル『イギリスの中のパキスタン——隔離化された生活の現実』（明石書店、2002年）

外国人の子どもの不就学　異文化に開かれた教育とは

2006年 9 月20日　第 1 版第 1 刷発行
2011年 9 月25日　第 1 版第 3 刷発行

著　者　佐《さ》久《く》間《ま》孝《こう》正《せい》

発行者　井　村　寿　人

発行所　株式会社　勁《けい》　草《そう》　書　房

112-0005　東京都文京区水道2-1-1　振替　00150-2-175253
（編集）電話　03-3815-5277／FAX 03-3814-6968
（営業）電話　03-3814-6861／FAX 03-3814-6854
本文組版　プログレス・理想社・ベル製本

ISBN978-4-326-29886-0　　Printed in Japan